나는 조울증이 두렵지 않습니다

조울증의 늪에서 살아남은 30대 여자의 생존 일기

.

너는 조울증이 두렵지 않습니다   개정판

초판 1쇄 발행 | 2023년 1월 30일
개정판 발행 | 2024년 6월 24일

지은이 | 이루다
펴낸이 | 김지연
펴낸곳 | 마음세상

주소 | 경기도 파주시 한빛로 70 515-501

출판등록 | 제406-2011-000024호 (2011년 3월 7일)

ISBN | 979-11-5636-555-6 (03190)

ⓒ이루다

원고투고 | maumsesang2@nate.com

* 값 16,200원

나는 조울증이

개정판
New Edition

두렵지 않습니다

조울증의 늪에서

살아남은

30대 여자의 생존 일기

이른다

마음세상

프롤로그

나는 조울증이 있는 엄마입니다

PART 1. **내 병을 알게 되기까지**

PART 2. 때로는 좋았다가, 때로는 나빴다가

PART 3. 희망의 꽃이 피어날 때

PART 4. 내 인생도 리필이 될까요

프롤로그

· · ·

나는 조울증이 있는 엄마입니다

저는 현재 조울증을 앓고 있는 두 아이의 엄마입니다. 흔히 조울증을 앓고 있는 사람에게 감정이 롤러코스터를 타고 있다고 표현합니다. 제 소개를 듣는다면 '조울증은 정신에 문제가 있는 거 아니야? 어떻게 아이를 키우지?'라고 생각하실 수도 있습니다. 맞습니다. 어려운 일이지요. 하지만 조울증은 특정 사람에게만 오는 특이한 병이 아닙니다. 누구에게나 올 수 있는 병이지요.

평범한 사람들도 부모로서의 삶을 살아가기 벅찬 이 세상을 저 또한 이렇게 살아가고 있습니다. 이 책은 조울증이란 병을 극복하며 살아가는 30대 엄마의 조울증 생존 일기입니다. 사람들은 우울증이란 병은 잘 알고 있지만 조울증에 관해서는 쉽게 접하지 못합니다. 저 또한 제가 조울증을 앓고 있다는 사실을 너무 늦게 알게 되었습니다. 조기 발견이 가장 중요하다고 생각하기 때문에 현재 조울증이 시작된 분들이 빠른 치료를 받을 수 있기를 소망하는 마음을 책에 담았습니다.

이 책을 써야겠다고 다짐한 건 어떤 이익을 보려거나 유명인이 되기 위한 이유에서는 아닙니다. 조울증을 겪어 온 고통의 시간이 얼마나 힘들었는지 알아달라며 호소하는 글은 더욱 제 의도와 맞지 않고요. 같은 질환으로 현재도 고통스러운 나날을 보내고 계신 조울증 환우와 그의 가족이 많다는 걸 알게 되었습니다. 위로와 희망을 전하는 방법을 생각하다 극복 경험담을 세상에 알리는 방법을 선택하였습니다.

저는 많이 아팠습니다. 아파하는 동안 그 누구도 제 친구가 되어주지 못했지요. 열한 살의 나이부터 서른다섯인 현재까지도 조울증은 제 안에 있습니다. 자살이란 선택지를 결정하지 않고 오늘을 살아갈 수 있게 되었음을 감사하게 될 날이 올 줄 상상도 못 했지요. 글을 쓰기 시작하면서 제 삶엔 많은 변화가 생겼습니다. 변화의 과정을 1장에서 4장까지 총 네 장으로 구성하였습니다.

Part 1엔 병을 알게 되기까지의 이야기, Part 2엔 굴곡을 보이는 조울증의 특성에 맞는 경험담을 넣었습니다. Part 3엔 저에게 희망이 되어준 일화들로 따뜻한 위로와 희망의 메시지를 담았고 마지막 Part 4 엔 여전히 조울증과 동행중인 일상 이야기와 행복하게 살아갈 수 있는 노하우를 적었습니다.

조울증으로 감정의 널뛰기에서 헤어 나오지 못한 채 여성의 삶 그리고 엄마의 삶을 고군분투하며 살고 계신 독자에게 제 글이 긴 터널 속의 한 줄기 빛이 되어주길 바라는 마음입니다. 이 책을 통해 삶에 작은 행복을 찾아주시고 살아 주신다면 감사하겠습니다.

혼자라고 느끼며 살아온 세월이 길었습니다. 이 글을 보고 계신 당신의 삶도 어려움이 많았겠지요. 이제 당신은 혼자가 아닙니다. 이 책을 펼치는 순간 제가 당신의 손을 잡고 기나긴 여정을 함께 할 테니까요. 글을 읽어주실 단 한 사람을 생각하며 글을 썼습니다. 편안한 마음으로 저와 대화하듯 읽어주시길 부탁드립니다.

끝으로 제 곁에서 늘 끊임없이 지지해 주며 자유롭게 글을 쓸 수 있도록 배려해 준 남편과 항상 부족한 엄마의 보살핌에도 잘 자라주고 있는 두 딸에게 고마운 마음을 전합니다.

저자 이루다

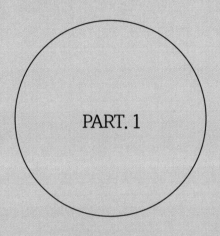

PART. 1

내 병을 알게 되기까지

아픈 기억으로 만들어진 상처는

언젠가는 만져도 아프지 않은 새살이 된다.

새살이 돋으려면 시간이 필요하다.

당신은 어쩌면 아직 그 시간 속에 있는지도 모른다.

상처도 삶도 받아들여야 한다.

새살이 돋아날 시간이 오면

견뎌내지 못할 아픔 또한 사라지고

끝이 없을 것 같은 고통 또한 지나가리라 믿는다.

감정 조절이 잘되지 않는 여자입니다

· · ·

언제부턴가 사소한 일에도 자주 화를 내는 나를 발견했다. 단순히 두 아이를 키우면서 히스테리를 부리는 거라고 가볍게 여겼다. 감정이 폭발하는 하루가 계속되었다. 하루의 일과가 끝나고 밤이 찾아오면 미안한 마음과 죄책감에 아이들을 부둥켜안고 많이도 울었다. 비참한 날들이 반복이었지만 그때까지도 나에게 문제가 있다고 생각하진 않았다. '다른 엄마들도 나랑 똑같지 않을까? 다들 이렇게 화도 내고 혼자 울기도 하겠지. 내가 유별난 건 아닐 거야.'

합리화하면 마음이 편했다. 나만 그런 게 아니라고 위안하며 자신을 속였다. 아이들을 낳기 전부터 심했던 우울증은 어느새 만성이 되었다. 너무나 익숙한 우울이라는 감정. 그 영향이 아이들에게까지 피해를 주고 있다곤 생각지도 못했다. 무언가 잘못되어간다는 느낌을 받은 그날은 언니가 집으로 놀러 온 날이었다. 정신없이 아이 둘을 챙기는 나를 보며 언니가 말했다.

"이래서 엄마들이 우울증이 오나 봐. 잠깐 같이 있는데도 정신이 하나도 없네. 내가 다 정신이 나가겠다. 너는 어떻게 매일 이렇게 사니?"

언니는 그렇게 말하고는 아이들을 바라보았다. 아이들은 천진난만한 표정으로 계속 놀이를 이어갔다. 아이들이 짜증을 내거나 무언가 내가 정해놓은 틀에 어긋나는 행동을 할 때면 나는 어김없이 감정이 폭발하는 모습을 보였다. 그런 내 모습을 보며 언니는 아이들에게 너무 심하게 혼을 내는 게 아니냐며 핀잔을 줬다. 그 말을 듣는 순간 순식간에 화가 머리끝까지 올라온 나는 크게 화를 내고 말았다.

갑작스러운 나의 행동에 적잖이 당황한 듯 보였다. 우리는 성인이 된 이후로는 서로에게 화를 낸 적이 없다. 그날이 처음으로 화를 낸 날이다. 나로 인해 어색한 기류가 흘렀다. 침묵의 시간이었다. 그것은 나를 더욱 민망하게 만들었다. 언니를 역으로 대려다 주는 길에 서로 어색한 표정만 지을 뿐 아무 말도 하지 못했다. 인사를 하며 헤어지려는 순간, 언니가 조심스럽게 말을 건넸다.

"너 신경쇠약으로 보여. 병원에 가보는 게 어때? 아이들 키우느라 고생해서 스트레스 많이 받겠어. 병원에 가보는 게 좋을 것 같아. 한번 생각해 봐."

언니가 한 말이 자꾸 떠올랐다. 다정할 땐 한없이 다정하고 화를 낼 땐 제어가 되지 않을 정도로 불같이 화를 내던 나의 두 얼굴이 스쳐 지나갔다. 언니 말이 맞았다. 난 너무도 지쳐 있던 상태였다. 고된 육아 우울증으로 힘들었던 부분도 있지만 그 당시 남편과의 부부 갈등으로 모든 에너지가 바닥까지 드러난 상태였다. 이혼에 관해 합의점을 찾는 상황이었고 생각의 차이로 심각한 스트레스를 받았다.

공황장애 증상과 발작이 찾아온 그날도 우린 이혼 문제로 차 안에서 다투고 있었다. 남편과의 다툼은 나의 감정 스위치를 망가트렸다. 정신을 잃을 정도로 감정이 격해졌고 심한 고성이 오가는 와중에 호흡 장애 발작이 찾아왔다. 그날을 계기로 정신과에 처음으로 발을 들이게 되었다. 정신과에서 알려준 나의 병명은 세 가지였다. 첫 번째 병명은 조울증 또는 양극성 장애라고 불리는 병이었다. 조울증은 여러 연구 결과에 따르면 우울증으로부터 출발한다고 한다. 우울증이 극심한 상태에 이르면 오히려 반대 상태인 조증이 발현된다고 알려져 있다. 그래서 나는 청소년기까지는 심한 만성 우울증으로, 성인이 되면서는 감정이 널뛰는 조증 사람이 된 것이다.

특히 조울증에서 조증이 두드러지게 나타나는 경우엔 분노 조절 장애로 인해 어려움을 겪기도 한다. 나 또한 이에 해당했고 분노 조절 장애로 가족과 잦은 문제를 겪었다. 따라서 조울증이란 병은 혼자만의 문제로 볼 것이 아니며 한 개인의 정신 질환이 가족 전체의 삶을 파괴한다고 보아도 과언이 아니다. 또한 가족의 보살핌과 이해만으로는 극복하기 굉장히 어려운 질환이다.

　두 번째 병명은 공황장애이고 세 번째 병명은 경계선 성격장애이다. 애정결핍이 있는 사람들은 대부분 가족에게서 받은 상처를 안고 살아가는 경우가 많다. 상처와 부모에 대한 애정결핍을 타인을 통해 부적절하게 요구하는 보상심리를 갖기도 한다. 만약 자신의 요구가 받아들여지지 않으면 심하게 상처받고 분노를 표출하며 우울감을 느낀다. 관심과 사랑을 받기 위해 팔목을 긋는다든지 자기 파괴적인 성향을 보이는 경우가 있는데 나와 같은 유형 역시 이에 속한다.

　매일 불안정한 상태에 항상 공허하며 우울했고, 기분이 널뛰기 시작하면 웃다가도 금세 침울해지곤 했다. 그럴 때면 이유 없이 자해 충동이 일어났다. 결국 충동을 이기지 못하고 위험한 행동을 하게 되었고 주치의 선생님은 폐쇄병동에 입원하기를 권유하셨다. 여러 번의 권유 끝에 입원하는 것을 받아들였지만 입원까지 해야 하는 상황에 절망했다. 아직 엄마만 찾는 어린아이들을 두고 폐쇄된 그곳으로 가야만 했다. 첫 입원은 고작 며칠 만에 퇴원하게 되었다. 그곳에서도 화를 참지 못하고 언성을 높이게 되었고 도망치듯 퇴원했다.

　나는 나의 조울증 증상(기분 조절 장애, 분노 조절 장애)과 자해 행동들로 인해 아이들과 남편이 힘들어하는 모습을 보는 것이 숨이 막혔다. 무엇보다 당사자인 내가 너무 불쌍하게 여겨졌다. 믿을 사람은 이제 주치의 선생님뿐이라는 생각이 들었다. 지푸라기라도 잡는 심정으로 약을 먹고 최선을 다해 치료받아 보자는 결심을 했다. 그날부터 나는 정신과를 꾸준히 다녔다. 약 복용으로 극심했던 분노가 많이 조절되었고 한결 부드러운 사람이 될 수 있었다. 아이들에게 사랑을 줄 수 있는 시간이 늘어갔다. 나는 그것만으로도 충분히 감사했다.

남편을 향한 원망 또한 확연히 줄어드는 걸 느낄 수 있었다. 가족들은 결혼 이후 처음으로 안정과 행복을 느꼈다. 자신도 힘들고 또한 곁에 있는 가족과 지인들까지도 고통을 주는 이러한 병을 앓고 있는 사람들이 생각보다 우리 주변에 많다. 하지만 인지하지 못하거나 '내가 정신병에 걸렸다고? 그거 이상한 거 아니야? 나는 이상한 사람으로 보이고 싶지 않아. 정신과엔 절대 가지 않을 거야!'라는 생각으로 타인에게 보이는 나의 모습에 신경 쓰느라 정신과에 가는 걸 거부한다. 우리는 그저 남들보다 조금 더 아플 뿐이다. 몸이 아픈 병에 걸리면 약을 먹듯이 우리도 약을 먹어야 한다. 치료받아야 하며 치유되어야 한다. 나는 많이 아팠다. 몸도 마음도 표현할 수 없을 만큼 아파봤기 때문에 당신이 견디기 힘든 삶을 살아가고 있음을 이해한다.

현재 나 또한 완치 상태는 아니다. 하지만 나는 변화하고 있다. 내 삶을 사랑한다는 게 어떤 의미인지 가슴 깊이 알아가고 있다. 죽을 만큼 힘들다면, 죽을 만큼 아프다면 두려워도 우리 조금만 용기를 내보면 어떨까? 이 세상에서 가장 소중한 건 자신이다. 세상에 하나밖에 없는 소중한 존재인 자신을 지켜내길 부탁드린다.

영원한 결핍, 사랑

· · ·

나는 매일 부부 싸움이 끊이질 않는 가정에서 자랐다. 삼 형제인 우리는 부모님이 싸우시는 이유도 모른 채 피할 수 없는 환경 속에서 자라야 했다. 싸움이 죽을 만큼 싫었다. 하지만 그 상황을 멈추게 할 힘이 우리에겐 없었다. 아버지는 평소에는 다정하고 좋은 분이셨는데 욱하시는 성격에 자주 화를 내셨다. 우린 아버지의 잦은 잔소리와 고함에 항상 긴장해야 했다. 욱하셔서 소리를 지르시는 아버지의 모습, 도대체 무엇 때문에 기분이 상하신 건지 가족들은 도무지 알 수가 없었다. 가족 중 누구도 아버지의 존재를 반기지 않았고 화를 내실 때마다 너무 괴로웠다. 생각해 보면 제일 싫어했던 그 모습을 지금의 나는 많이 닮아있다. 툭하면 두 분은 싸우는 모습을 보이셨는데 그 모습은 우리에게 충격적인 기억으로 남아있다. 그때를 떠올리면 두려움에 떨며 울고 있는 세 아이가 떠오른다.

부모님은 맞벌이하시느라 항상 바쁘셨고 일이 끝나고 집에 돌아오시면 TV를 보시거나 누워계셨다. 힘들게 일하셨으니 당연히 집에서 쉬고 싶으셨을 것이다. 어릴 때의 우리는 어른들의 사정 따윈 알지 못했다. 우리에게 필요한 건 관심과 애정이었다. 우리가 어렸던 유년기 시절엔 어머니가 집에서 재봉틀 일을 하신 적이 있다. 일은 해야 하고 아직 한 창 손이 갈 아이는 셋이나 되니 어머니도 얼마나 힘이 드셨을까. 그 해결책으로 거실 한 곳에는 재봉틀을 놓고, 다른 방엔 어린아이 셋을 들여보내고는 TV만 종일 틀어주는 선택을 하셨다. 얼마나 많이 보았는지 자주 보았던 만화의 정지 화면이 아직도 잔상으로 남아있다. 사랑받고 싶은 아이들과 관심조차 주기 힘든 바쁜 부모님. 부모의 사랑은 아이들에게 어떠한 영향을 줄까? 이 물음에 대해 나는 부모가 되고 나서야 알 수 있었다.

유년기에 충분히 사랑받지 못해서였을까. 우리 삼 형제에게는 모두 우울증이 있다. 그중에서도 가장 심한 사람은 나다. 나는 삼 형제 중에서 반항심 또한 가장 심한 아이였다. 성인이 되고 나서는 거의 집에 들어가지 않을 정도로 가족과 있는 시간을 불편해했고 집에 들어가기를 거부했다. 집은 내게 그저 감옥처럼 답답한 곳이었다. 온기라고는 전혀 느껴지지 않는 그곳엔 항상 내가 있을 자리가 없다고 생각했다. 나는 부모님에게 받지 못한 사랑의 부재에 가슴이 텅 빈 채 살아가는 감정이 없는 무기력한 아이였다. 그 사랑을 찾고 싶었다. 하지만 어디에서 찾아야 하는지 알지 못했다. 마음은 항상 공허했고 이 외로움을 어디에서든 채워야만 했다. 결국 찾은 답은 사랑을 외부에서 찾는 것이었다.

정상적이지 못한 연애를 매번 반복하며 더 깊은 상처를 안고 살았다. 그렇게 사랑을 하면서도 매일 자살 충동을 느낄 정도로 행복하지 못했다. 이 상처에서 벗어나게 된 계기는 아이를 키우게 되면서부터였다. 아이를 키우면서 내가 받은 상처를 제대로 바라볼 수 있었다. 나와 같은 삶을 살게 하지 않기 위해 충분한 사랑을 주겠다고 다짐했다. 그 후 어떻게 하면 부모와 아이가 정상적인 애착 형성을 할 수 있는지 공부했다. 어떻게 하면 과거의 상처에서 벗어날 수 있을까?

이러한 인생 초반의 고통은 애착 형성 문제일 가능성이 크다. 사람들은 상처를 견디느라 에너지가 고갈되고, 정신적 문제에 부딪히기도 한다. 나 같은 경우는 불안전한 애착이 형성된 경우였다. 버림받을지 모른다는 유기 불안이 심했다. 사귀는 남성들에게 버림받기 싫다는 이유로 먼저 이별을 고하고는 버림받았다는 피해망상에 빠져 허우적거렸다. 스스로 낭떠러지에 자신을 밀어 넣는 꼴이었다. 극단적인 이상화와 평가절하 사이를 오갔다. 잘 대해주면 좋아하다가도 조금이라도 서운한 행동을 하면 격하게 그 사람을 미워했다. 이러한 나의 고착된 성격 탓에 나의 인간관계는 늘 엉망이었다. 사람들과 항상 거리를 두었다. 사랑을 요구할 수 있는 대상은 늘 만나는 이성뿐이었다. 수단과 방법을 가리지 않고 그들을 곁에 두고 싶어 했다. 하지만 반대 행동인 이별을 고하는 악순환을 끊지 못했다. 사랑이란 이름으로 서로의 영혼을 갉아먹는 비정상적인 행위였다.

부모가 자주 싸우거나 갈등이 심한 경우, 아이들은 불안을 마음속에 차곡차곡 쌓는다. 쌓인 불안은 우울감을 느끼게 하거나 불행한 감정을 낳고, 살아갈 이유를 찾지 못한 채 방황하게 된다. 부모의 불화는 사랑을 느낄 수 없는 심각한 결핍으로 인한 병을 만든다. 애정결핍은 부모의 사랑이 내면에 채워지지 않았거나, 방임, 학대가 있었거나, 그 외의 상처로 인해 생기는 증상이다. 이러한 어린 시절의 애정결핍 문제는 여성과 남성 모두의 인생에 가장 큰 장애가 된다. 사람들은 흔히 '나 애정결핍이야.'라는 말을 입에 달고 산다. 그만큼 애정결핍은 아주 흔한 문제이다. 이러한 애정결핍의 덫은 삶을 뿌리부터 뒤흔드는 위력이 있다. 결핍의 서러움을 통해 마음의 상처가 생기게 되면 이 덫은 자신에게 더욱 깊게 자리 잡게 된다.

우리는 사랑을 받고 싶은 채로 성장하지 못한 여전히 어린아이인 미성숙한 존재이다. 때때로 그런 사랑을 주지 못하는 상대에게 짜증을 내고 화를 내보기도 한다. 또 늘 불행한 얼굴을 하고 불행한 삶을 살아간다. 우리가 바라는 사랑은 부모에게서 충족되지 못한 사랑일 뿐이다. 이제 스스로 자신의 양육자가 될 차례이다. 타인에게 사랑받기 위해 반응하기를 그만둬야 할 때이다. 사랑을 시험하려 하고, 다른 사람으로 당신을 채우려 하지 말자.

치유는 내면의 결핍을 들여다보는 것에서 시작된다. 우리는 이제 어른이다. 과거 부모에 대한 불평과 원망을 짊어지고 있어 봤자 괴로운 사람은 본인이다. 이젠 모든 것을 스스로 책임져야 한다. 사람들은 과거의 고통을 간직하려 하는 습성이 있다. 가지고 있어도 알아줄 이 하나 없는데도 말이다. 내가 이렇게 힘들게 살았으니 나는 이런 사람으로 살아도 된다고 생각하는 자기 정당화에서 하루빨리 빠져나오길 바란다. 과거에서 빠져나올 수 있는 사람만이 내면의 결핍을 들여다볼 수 있다. 치유의 시간을 겪고 나면 우리는 한걸음 성숙해지는 자신을 만날 수 있을 것이다.

앙상한 열일곱 살의 나무

• • •

최근엔 개인적인 상담뿐만 아니라 부부를 위해 만들어진 부부상담을 받는 사람들이 많아졌다. 우리도 상담의 도움을 받았다. 계속되는 나의 이혼 요구와 받아들이지 못하는 남편과의 생각 차이로 싸움은 끝이 나질 않았다. 남편은 자신도 정신이 많이 피폐해져 상담받기 시작한 곳이 있다며 상담으로 관계를 다시 노력해보자고 제안했다. 상담을 신청했고 우린 주말이 되면 상담센터로 향했다. 상담 선생님은 포근한 인상이 따뜻하게 느껴지는 다정한 분이었다. 상담은 상담실에 두 사람이 함께 앉은 상태에서 이루어졌고 한 사람씩 선생님의 질문에 답하는 방식이었다. 이러한 상담 방식은 자신의 속마음을 말하게 됨으로써 그동안 서로에 대해 알지 못했던 부분을 생각할 수 있도록 도와주는 시간이었다.

　그날은 선생님이 종이를 나누어 주시면서 우리에게 나무를 한 그루씩 그려보고 나이까지 정해주는 시간을 가져 보자고 하셨다. 그림을 그리는 이유는 현재 자신의 상태를 알 수 있는 미술치료라고 설명해 주셨다. 남편은 파릇파릇하고 풍성한 열매가 먹음직스럽게 매달려있는 예쁜 나무를 그렸다. 나의 그림은 남편의 그림과는 확연히 다른 모습이었다. 주변에 아무것도 없는 앙상한 가지만 남은 나무였다. 나무의 나이는 열일곱 살로 정해주었는데 선생님의 그림 설명에 나는 놀라지 않을 수 없었다.

　남편은 지금 상황에서도 행복을 느끼는 상태이며 현재의 삶에 만족하는 심리상태라고 했다. 이어서 말씀해 주신 나의 심리상태는 좋지 않았다. 선생님의 설명에 눈물이 하염없이 흘렀다.

　(선생님과의 대화는 지극히 주관적인 기억에 의존하여 쓴 내용이다.)

선생님 "이 나무는 지금 어떤 상태인가요?"
나　　 "외롭고 굉장히 쓸쓸해 보여요."
선생님 "나무의 나이를 열일곱 살로 정한 이유가 있을까요?"
나　　 "특별한 이유는 없어요. 그냥 나무를 보자마자 열일곱 살이 떠올랐어요."

선생님 "나무를 잎도 없이 가지만 그렸다는 건 그만큼 현재의 상태가 위태롭다는 걸 보여줘요. 나무의 상태를 물어보았을 때 외롭고 쓸쓸해 보인다고 하셨네요. 그 상태가 지금 자신이 느끼는 감정이에요. 나무 주변에 아무것도 그리지 않으신 부분도 항상 혼자라고 느끼는 내담자님의 마음 상태입니다. 나무의 나이를 열일곱 살로 정해주셨는데 혹시 열일곱 살에 큰 사건이나 충격적인 트라우마가 될 만한 일이 있었나요?"

선생님의 그림 설명은 정확했다. 나는 늘 외롭고 공허했으며 항상 혼자라고 여기며 살았다. 그리고 열일곱 살에 잊지 못할 큰 사건이 있었던 것 또한 사실이다. 그 시절, 음악에 빠져있었다. 성인 취미 밴드에 참석할 기회가 있으면 주말마다 구경을 가곤 했다. 그날도 취미 밴드 연습실에 참석하여 연주하는 모습을 구경하고 있었다. 기타를 연주하는 한 오빠에게 눈길이 갔다. 보지 않으려 해도 내 마음은 그쪽을 향해있었다. 그러다 눈이 마주칠 때면 나를 보며 웃어주었다. 얼굴이 빨갛게 달아오른 나는 수줍게 웃었다. 이 설렘이 아름답고 달콤한 사랑 이야기가 될 줄 알았다. 하지만 그건 나의 착각이었다. 이 만남은 내 인생을 송두리째 뒤흔드는 하나의 사건이 되었다.

서로의 미소를 확인한 후 그는 나를 어두운 계단으로 불러냈다. 나는 그를 따라갔고 우린 계단에 앉아 첫 입맞춤을 했다. 부끄러워하는 나를 무척 귀여워하는 모습에 처음으로 사랑을 느꼈다. 입맞춤으로 우린 만남을 시작했다. 첫 만남부터 그는 계속 성관계를 요구했다. 거부했지만 그의 요구는 계속되었다. 그와의 관계를 계속 피하고 싶었다. 사랑하는 사이엔 당연히 해야 할 일이라며 관계를 집요하게 강요했다. 아무것도 모르는 어른의 세계가 너무 무서웠다. 나의 거부에도 그의 강제적인 행위는 계속되었다. 나를 만나기만 하면 장소를 가리지 않고 어두운 곳으로 끌고 갔다. 그렇게 거부하는 나를 물건 취급하듯 자신의 욕구를 채웠다.

벗어나고 싶었지만 우습게도 그가 나를 사랑한다는 생각이 발목을 잡았다. 사랑하니까 나를 마음대로 할 권리가 있다고 말했다. 어떤 장소에서든 내 의사는 상관없다는 듯 사랑한다는 말 한마디로 끔찍한 행위를 저질렀다. 그건 강간이나 다름없었다. 지옥 같은 생활을 그만둘 방법을 찾지 못했다. 용기가 없었다. 나를 소유물로만 대하는 그는 헤어지려고만 하면 자신이 피해자인 척하며 내가 자신을 버리는 것이라고 쏘아붙였다. 바보같이 그 사람이 불쌍하다고 생각했고 끊을 수 없는 관계에 질질 끌려다녔다. 그런 날들의 반복되던 어느 날 피임에 실패하는 상황까지 벌어졌다.

십 대의 신분으로 임신까지 하게 되었다. 아이를 낳기 위해 가출하려는 나를 어머니가 설득하셨고 아직은 아이를 낳기엔 너무 어린 나이라며 임신중절 수술을 이야기하셨다. 십 대의 나이로 임신중절 수술을 한다는 건 정신적으로 온전하지 못한 상태가 된다는 걸 의미한다. 몸이 상처 입는 만큼, 아니 그보다 더 많이 정신은 상처 입는다. 두려움과 아이에 대한 죄책감에 마취에서 깬 후 나는 울부짖었다. 그때 곁에 있었던 건 그가 아니라 어머니였다. 수술을 겪고도 심리적으로 지배당해 버린 나는 그가 부르면 똑같은 행위를 당하고 마는 그저 아무것도 용기 낼 수 없는 무기력한 아이였다. 그렇게 질긴 성폭력의 끝은 내가 성인이 되자마자 끝을 낼 수 있었다.

마지막까지도 모든 걸 내 탓을 하며 화를 내던 그는 집으로 연신 전화를 걸어 수술 사실을 아버지에게 알린다며 협박했다. 협박하는 그를 겨우 달래며 제발 이젠 나를 놓아달라고 부탁했다. 그렇게 그를 잘라낼 수 있었다. 왜 나에게 이런 일이 일어났을까? 다 내 잘못이라고 생각했다. 내가 바보 같아서 내가 더 강하게 거절하지 못해서 이렇게 된 거라고 문제를 스스로에게서 찾고 자책했다.

이유 없이 울 때가 많았다. 자주 무기력해졌으며 죽을 수 있다면 죽고만 싶었다. 내가 당한 일을 어떻게 받아들여야 할지 끊임없이 질문하고 답을 구하려 했다. 오랜 시간이 흘렀다. 열일곱 살엔 너무도 약한 소녀였지만 지금의 난 그때보다 강해졌다. 나는 이제 그때처럼 모든 걸 나에게서 찾으려고 하지 않는다. 질문의 답을 찾았기 때문이다. 나는 이 경험을 글로 써야겠다고 생각했다. 나와 같은 아픔을 겪지 않기를 바라며 나와 같은 피해를 겪는 소녀가 더 이상 생기지 않길 바라는 마음으로.

그 누구도 당신을 소유물로 여길 수 없다. 자신의 의지나 판단에 따라 성적 행동을 결정하고 선택할 수 있다. 당신의 친절한 행동이 잘못이 아니다. 문제는 이를 이용한 사람이다. 그 때문에 당신을 탓하고 원망할 필요는 없다. 당신은 소중한 사람이다. 이를 이용하려는 사람들을 끊어내고 당신을 소중하게 대해주는 사람과 함께 하기를 바란다.

아픈 기억으로 만들어진 상처는 언젠가는 만져도 아프지 않은 새살이 된다. 새살이 돋으려면 시간이 필요하다. 당신은 어쩌면 아직 그 시간 속에 있는지도 모른다. 상처도 삶도 받아들여야 한다. 새살이 돋아날 시간이 오면 견뎌내지 못할 아픔 또한 사라지고 끝이 없을 것 같은 고통 또한 지나가리라 믿는다. 기뻐하며 살기에도 시간은 부족하다. 너무 많은 고통 속에 갇혀 나처럼 많은 시간을 후회와 자책으로 보내지 않기를 바란다.

이유 없이 울다 웃다

• • •

사람들은 조울증이라고 하면 미친 사람처럼 웃고 쉼 없이 떠드는 정신이 반쯤 나간 사람을 떠올린다. 모두가 그렇지는 않겠지만 확실히 나의 모습은 그랬다. 내가 기억하는 나의 우울증 발병 시기는 열한 살 무렵부터였다. 초등학교 4학년이 무슨 우울증이냐고 의아해할지도 모르겠지만 나는 확실히 그때부터 어딘가 좀 이상한 아이였다. 어느 것에도 흥미를 느끼지 못했으므로 학교 수업은 듣지 않은 채 매일 창밖만 바라보았다. 과제는 항상 제출하지 않았고 시험공부는 해본 적도 없었다.

나는 너무도 무기력했다. 마음껏 웃고 친구를 사귀며 미래를 꿈꾸어야 할 나이에 삶과 죽음에 대한 궁금증을 늘 지니고 있었다. 떠오르는 그 당시 나의 이미지는 생기라곤 눈곱만치도 찾아볼 수 없는 우중충한 분위기를 풍기는 학생이었다. 당연히 친구도 거의 없었다. 동네에서 가정형편이 좋지 않은 친구를 사귀어 서로의 슬픈 가정사를 얘기했고 친구가 부모님에게 맞고 집을 나온 날은 나름의 의리로 새벽 내내 놀이터에서 친구 곁을 지켜주곤 했다.

나보다 불행해 보이는 친구를 사귀었다. 어쩌면 나의 불행을 위로하려는 방법으로 그랬던 건지도 모르겠다. 그렇게 삶과 죽음을 고민하던 시간은 생각보다 빨리 흘러갔다. 마음대로 그만둘 수조차 없는 이 삶을 어떻게든 이어 갔다. 그때까지만 해도 나는 조울증이 아닌 우울증이었다. 정신분석학에서 조증은 우울증에 대한 반동이라는 견해가 있다. 우울증이 극심한 상태에 이르면 오히려 반대 상태인 조증으로 튀어 오른다는 것이다. 우울증은 성인이 되면서 순식간에 조울증으로 바뀌었다. 조울증으로 바뀐 삶은 언뜻 보기엔 좀 더 나은 삶을 산다는 생각이 들게 했다. 갑자기 활력을 되찾은 듯 보였고 또 다른 삶이 펼쳐진 듯한 착각에 빠지게 했다.

스무 살이 되면서 대학을 다니게 되었다. 관심에도 없던 화장을 하고 예쁜 옷들을 입기 시작했다. 그 이후의 일은 우울증이 조울증으로 변화되었다는 사실을 명백하게 보여준다. 대학에 들어가자마자 자신감이 넘쳤고 무엇이든 할 수 있을 거 같은 에너지와 의욕이 생겼다. 처음으로 사람들의 관심과 사랑을 받았다. 처음 받아보는 남자들의 관심과 시선에 짜릿한 황홀감을 느꼈다. 무엇이든 도전하려는 넘치는 에너지에 이것저것 일을 저질러놓고 마무릴 못하는 일도 잦았다. 큰 소리로 정신없이 대화하는 모습 또한 이상행동 중 하나였다. 친구들과 함께 있는 자리에서 늘 혼자 흥분하여 큰 소리로 횡설수설 말했고, 어딘가 마음에 들지 않으면 느닷없이 화를 냈다.

친구들은 나를 이해하지 못했다. 웃다가 화를 내는 내 모습에 나도 놀랐지만 단순한 다혈질 성격이라고 생각했다. 속으로 매일 생각했다. '나는 매력적인 사람이니까 누구든 사랑하지 않을 수 없을 거야. 무엇이든지 할 수 있는 능력 있는 사람이야!' 당연히 자신감이 넘치는 사람은 매력적이고 매사에 의욕적이며 주위에 사람이 끊이질 않고 성공할 확률 또한 높다. 하지만 조울증은 그렇게 간단하지 않다. 항상 공이 통통 튀는 것 같은 기분 상태로 모든 일에 적극적으로 도전했다. 이렇게 행복해도 되나 싶은 정도의 극단적인 기분 상태로 종일 들떠 있었고 성적인 충동성에 의한 무분별한 성관계로 피폐한 몇 년을 보내기도 했다.

조증 상태가 지나고 나니 상상하지도 못했던 큰 문제가 빙산의 일각처럼 튀어나오기 시작했다. 우울 상태가 예고도 없이 찾아온 것이다. 조증과 우울증에는 다양한 증상이 있는데 나는 이 증상들에 대부분 속했다. 나는 울다가 또 웃는 극과 극을 달리는 조울증(양극성 장애)이었다. 조증 증상을 겪다가 다시 심하게 우울증 증상이 파도처럼 몰려왔다. 항상 슬펐고 공허했으며 예민한 상태였다. 늘 피로하고 무기력한 생각에 무엇도 시도할 수가 없었다. 불행하게도 내 증상은 십 대에 시작되었지만 삼십 대 초반까지도 정확한 진단과 치료를 하지 못했다. 나는 이 증상들을 누구에게든 나타날 수 있는 아주 지극히 정상적인 '성장의 과정'이라고 착각했다.

본인이 조울증인지 아닌지 스스로 판단하기란 쉽지 않다. 평상시의 기분 변화가 어떤지, 조증이 진단 기준에 부합하는 상태가 어떠한 간격과 양상으로 나타나는지 주도면밀히 관찰해야만 올바로 진단할 수 있다. 보통 조증기보다 우울기를 더 자주, 더 오랜 시간 보내게 된다. 조증 직후에 바로 우울증이 따르는 경우가 60%가량 되기 때문에 흔히 조울증을 '감정의 널뛰기', '감정의 롤러코스터'라고도 말한다. 양극성 장애의 우울기는 십 대나 이십 대에 시작되어 자주 반복되고 감정 기복이나 짜증, 화, 충동적 행동이 동반되기도 한다.

우울증에서 조울증으로 시시때때로 양극단을 오가는 기분을 매일 느끼며 산다는 건 몹시 견디기 힘든 일이다. 십 대 무렵부터 나는 이미 심적으로 많이 지쳐 있었다. 기분이 파도를 타는 이 병은 나의 온몸을 지배하는 것 같았다. 아무도 나를 통제하거나 잡아주지 못한다. 우리의 병은 우리의 노력으로 고쳐야 한다. 의심 증상이 있다면 전문의와 되도록 빨리 상담을 받아보길 바란다. 일찍 치료를 시작하고 충분한 기간만큼 약물치료를 유지하는 것이 가장 빨리 약과 작별할 수 있는 지름길이다.

흔히 조울증을 '마음의 병'이라고 알고 있다. 하지만 조울증은'몸의 병'이다. 정확히는 뇌의 신경전달물질의 불균형으로 인해 나타나는 뇌의 질환이다. 따라서 이 물질들의 균형을 맞춰주는 약물치료가 가장 핵심적인 치료가 된다. 조울증(양극성 장애)은 만성적인 질환이므로 일시적으로 증상이 호전되어도 계속적인 치료가 필요하다는 점을 인식하여야 한다. 간혹 약물치료에 거부감을 가져 상담이나 다른 부수적인 방법(운동, 명상 등의 스트레스 조절법)으로 치료를 시도하시는 분들도 있다. 이러한 치료는 직접적으로 병을 치료한다기보다는 발병의 촉매가 되는 외부 자극을 줄이고 행동양식을 변화시킨다는 데 의의가 있다. 꾸준한 약물치료와 함께 올바른 생활 습관을 유지하면 안정적인 생활을 해 나갈 수 있을 것이다.

증상이 안정됐다 하더라도 자주 재발하는 특성 때문에 증상 완화 후 자신의 판단으로 약을 끊는 실수를 범하지 않길 바란다. 약물치료를 꾸준히 진행하는 것이 제일 중요하다. 자신이 앓고 있는 이 병을 공부하고 당신이 어떠한 상태인지 구체적으로 확인해 봤으면 좋겠다. 마음이 약해서 이 병에 걸린 걸까? 정신상태가 나약한 게 문제일까? 유전인 걸까? 아마 당신의 머릿속은 자신을 향한 수없이 많은 질문이 꼬리에 꼬리를 물 것이다. 괜찮다. 그 무엇도 우리의 잘못이 아니다. 조울증은 뇌의 질환일 뿐이다. 몸의 병일뿐이다.

당신은 지금 진행 중인 이 병을 주변에 알려야 할지, 비밀로 간직한 채 혼자 견뎌내야 할지에 관한 결정을 할 수 없을 것이다. 당신이 가장 가까운 사람들과도 병에 대해 상의하지 않는다면, 당신의 병에 대해 더욱더 수치스러운 감정을 느낄 수 있다. 병을 이해하고 치료하려는 노력은 강한 사람만이 할 수 있다. 우린 절대 나약하지 않다. 나는 상대가 원치 않는 반응을 보일지라도 조울증이라는 사실을 말할 수 있다. 우리가 병을 앓고 있고 약을 먹고 있다는 게 뭐가 잘못되었다는 것인가?

쉽게 포기하는 사람

· · ·

나는 어떤 일이든 끈기 있게 해내는 사람이 아니다. 중학교에 다닐 때 친구들과 모여 만화 그리는 걸 좋아했다. 이상하게 좋아하는 일인 데도 금방 에너지가 바닥났다. 처음으로 좋아하게 된 일을 쉽게 그만 두었다. 친구들은 시간이 지날수록 더욱 열심히 그렸고 실력이 점차 늘어만 가는데 나 혼자만 제자리걸음인 모습이 속상했다. 만화에 대한 애정은 빠르게 식었고 대학에 진학해야 할 시기가 왔다. 뚜렷하게 좋아하는 것도, 그렇다 할 삶의 목표도 없었던 나는 뜬금없이 디자인 학과에 가고 싶었다. 노력 끝에 디자인학과에 진학하게 되었고 그때 만큼은 내 인생에서 가장 좋아하는 관심사는 그것뿐이었다. 항상 무 기력해서 무엇 하나도 오랜 시간 관심을 가지지 못했던 나에게도 디자이너라는 꿈이 생겼다. 대학 생활은 꽤 열정적이었다. 내가 입학한 학교는 9시부터 6시까지 종일 수업이 있었고 정규 수업이 끝나면 바로 과제를 하느라 막차를 타고 집에 가는 게 일상이었다.

매일 수업과 과제, 아르바이트까지 병행하느라 힘든 시간이었지만 디자인을 할 수 있어 행복했다. 바쁜 시간을 쪼개 관련 자격증을 따고 취업 준비도 열심히 했다. 여기서 만큼은 꼭 성공해야겠다는 열정이 대단했다. 다른 학생들과 경쟁한다는 생각에 앞만 보고 달렸다. 이때는 우울증이 조울증으로 변했던 시기였기에 에너지가 샘솟았던 시기였고 남들에게는 늘 기분이 들떠 보인다는 이야기를 많이 들었다. 지칠 줄을 몰랐다. 항상 '더 열심히 해야지.', '내가 더 잘할 수 있어.', '내가 더 잘났으니까!'라는 생각에 경쟁심이 불타올랐다.

그렇게 취업 준비를 마치고 첫 회사에 취직하게 되었다. 그때 나이 스물한 살. 취업만 하면 내가 대단한 디자이너가 될 거란 자신감은 취업하자마자 사그라들었다. 현실은 그렇게 만만하지 않았다. 내가 하고 싶어 했던 일과는 너무 다른 일에 대한 괴리감이 들면서 '상상하던 디자이너의 모습은 이게 아니야!'라는 생각을 떨쳐낼 수가 없었다. 그렇게 첫 회사를 3개월 만에 그만두었다. 퇴사 후 바로 두 번째 회사에 취업했고 그곳에서도 하고 싶은 일이 아니라는 이유로 얼마 버티지 못하고 사표를 냈다.

나는 충동심을 조절할 수 있는 능력이 현저히 떨어진다. 그 당시엔 그저 남들보다 내가 끈기가 없고 인내심이 부족해서라고 생각하며 자책했다. 조울증은 고양되고 과대하거나 과민한 기분이 든다. 에너지가 과해 일을 많이 벌이고 참을성이 적어 직업적으로나 사회적 능력에 영향을 준다. 그런 사실을 모르고 나를 자책하고 미워했다. 내가 포기한 일은 이게 다가 아니다. 조증의 특징인 일을 벌이는 일은 스무 살부터 몇 년간 가장 심했다. 배우고 싶은 게 생기면 회사에 다니면서 새벽반으로 학원에 다녔고 힘들다는 이유로 쉽게 그만두기를 반복했다. 느닷없이 새로운 계열에 눈을 떴을 땐 아르바이트를 병행하며 도전하기도 했다. 하지만 문제는 항상 오래가지 못했다. 포기란 나에게 너무나 쉬웠고 포기를 하지 않는 방법을 알지 못했다. 나에겐 버티는 정신이 전혀 없었다. 버티는 게 가장 어려웠고 포기가 습관이 되어버려 어떤 일이든 쉽게 싫증 내고 그만두길 반복했다.

당신은 쉽게 포기하는 사람에 대해 어떻게 생각하는가? 한심하다고 고개를 저을 수도 있고 나의 이야기에 공감하며 '나도 똑같은데, 나 같은 사람이 또 있네!'라며 안도할 수도 있다. 나는 나 자신이 너무 한심하게 느껴졌다. '내 성격이 이 모양인데 뭘 하겠어?', '남들은 포기하지 않고 잘만 하는데 난 왜 이 모양이지?' 포기와 실패는 나를 나락으로 떨어트렸다. 점점 더 '너는 아무것도 이루지 못해.'라는 생각이 나를 깊은 암흑 속으로 끌어당겼다. 하지만 그런 내가 십 년이라는 시간이 지난 지금은 다른 시선으로 나를 바라볼 수 있게 되었다.

글이라는 소중한 일을 발견하면서부터 나는 포기와 시작을 반복하고 있다. 글쓰기는 포기를 반복하여도 나 자신이 한심하다는 생각이 들지 않았다. 내 마음과 나라는 사람을 제대로 바라볼 수 있게 되었기 때문이다. 책, 영화, 드라마, 기사 등의 대중문화와 언론들은 포기를 비판하는 것을 중요하게 삼고 있다. 성공한 사람들에 관한 이야기는 주요 양식이 되며, 이러한 성공을 거둔 사람들이 포기하지 않고 극한의 상황을 이겨내어 성공한 결과에 대해서만 치켜세워주며 극찬한다. 당연히 성공 사례가 실패 사례보다 흥미성을 높여 주기 때문에 '포기는 무조건 나쁘다.' 식의 포기 부정론이 힘을 발휘하고 있다.

우리 사회는 포기를 하면 실패자로 간주한다. 과연 포기하는 게 정말 실패한 삶인 걸까? 어떠한 일을 끝까지 하지 못하는 의지 결핍에서 비롯된 습관적 포기와 충동적 포기를 동조하려는 건 아니다. 하지만 타인의 시선을 의식한 심리적 압박감 속에서 생긴 성공을 위한 포기를 용납하지 않는 굴레에 갇힌 사람들에게는 포기할 권리가 있어야 한다고 생각한다. 외부의 기준에 맞춰 살게 되면 진정한 자신은 사라진다. 삶의 중심을 자신에게 맞추는 게 아닌 타인에게 맞추는 삶은 행복할 수 없다. 중심을 자신에게 맞추어 사는 삶은 외부가 아닌 자기 내면의 소리에 관심을 기울여야 한다. 자신의 기분과 감정 그리고 욕망에 시선을 맞추어 마음의 소리에 귀를 기울이고 자신에게 솔직해지기 위해 노력해야 한다. 내 삶을 사랑하고 나를 인정하고 싶다면 막연한 자기 최면에만 매달려서는 안 된다. 실패는 무능력자라는 생각은 타인을 의식한 성공에 뒤따라오는 부정적인 생각이다. '실패해도 괜찮아.'라고 자신에게 긍정의 시간을 주는 것도 좋은 방법이다. 실패해도 기회는 많다.

시작도 하기 전에 부정적인 생각을 하고, 스스로 다그치면 오히려 무언가를 꾸준히 이루어 내기 어렵다. 포기를 하는 이유에는 여러 가지가 있다. 너무 쉽게 빠른 결과를 원한다거나, 습관을 만들지 못하는 이유 등 여러 가지가 있을 것이다. 그중에서도 가장 포기하기 쉬운 이유는 슬럼프를 극복하지 못해서가 아닐까. 성공하는 사람들은 슬럼프가 오면 그 고비를 인지하고 더욱 열심히 노력한다. 하지만 포기가 빠른 사람은 슬럼프가 위기의 순간이다. 슬럼프를 극복하지 못하면 결국 포기하게 되고 그 상황이 반복되면 습관이 된다.

이러한 포기의 습관은 왜 반복되는 걸까? 목표는 크게 잡고 큰 꿈을 꾸면서 오늘 할 수 있는 작은 일 들은 하지 않기 때문은 아닐까. 이러한 문제는 학습된 무기력에서 나올 수 있다. 긍정심리학에서는 무기력 학습에 의해 우울증이 유발된다고 본다. 우울증을 겪는 사람은 공통으로 비관적이다. 무언가를 시도하고, 노력하지만 뜻대로 성과가 보이지 않다 보니 무기력이 학습되는 것이다. 무기력 학습은 긍정심리학 창시자 마틴 셀리그만이 발견한 이론이다. 셀리그만은 개들에게 전기충격을 가하는 실험을 통해 무기력이 학습된다는 것을 발견해냈다. 전기충격을 가했을 때, 도망가기 위해 노력했지만 할 수 있는 게 없다는 걸 경험한 개의 70%가 시도하는 것조차 포기한다.

무기력을 학습했을 때 나타나는 증상은 비관성이다. 무기력을 예방하고 비관적인 생각을 극복하려면 어떻게 해야 할까? 모든 게 자신의 탓이라고 여기는 생각을 버리는 게 첫걸음이다. 쉽사리 그만두는 것은 내 탓이 아니다. 나의 마음을 인정한다면 자신의 마음이 싫다고 느끼는 일을 그만두는 것이 결코 잘못된 것이 아니라는 생각을 할 수 있게 된다. 누구나 내가 좋아할지 그렇지 않을지는 생각만 해서는 알 수 없다. 실제로 경험해야만 알 수 있다. '일단 해보고 내 마음이 가는 대로 결정하자!'라고 생각한다면 중간에 그만두었을 때도 자신을 자책하지 않는다. 우리에게는 포기하고 싶을 때 포기할 권리가 있다는 것을 잊지 말자.

내 마음이 시키는 대로 결정한 일은 소중하다. '언제든 그만둘 수 있는 용기' 그것은 앞으로 나아갈 수 있는 새로운 변화가 되어준다. 괴로움을 참으며 끝까지 버텨야만 훌륭한 건 아니다. 내 삶에 내가 주체가 되어야만 행복할 수 있다. 하지만 이것만은 꼭 기억하자. 아무것도 하지 않으면 아무 일도 일어나지 않는다. 쉽게 포기해버린 일이라 해도 우린 분명 그 안에서 얻는 것이 있다. 목표를 이루기 위해 노력하는 과정에서 얻는 것은 우리의 삶에 소중한 자양분이 되어줄 것이다.

더 일찍 찾아갔다면

• • •

왜 조금 더 빨리 정신과를 찾지 않았을까? 이 질문에 여러 가지 핑
계를 댔다. 처음 우울증이 발병한 나이는 너무 어렸다. 심한 무기력감
에 가족과도 소통이 되지 않았다. 당시에는 정신 질환 자체가 쉽게 알
수 있는 병이 아니었고 내 기억으론 정신과에 가는 사람도 드물었다.
고등학교에 다닐 때 같은 반 친구와 하교하는 길이었다. 친구는 자신
이 우울증이 있으며 정신과를 다닌다고 말했다. 그때 정신과라는 병
원과 우울증이라는 병명을 처음 들었다. 나와는 상관없는 일이라며
한 귀로 흘려들었다. 친구를 걱정하는 마음 보단 무슨 문제가 있는 게
아닌지 색안경을 끼고 보았던 기억이 난다.

이러한 사회적 편견 때문에 환자는 진료받는 것에 부정적인 생각을 가지게 되는 게 아닐까? 정신질환자라는 사회적 낙인으로부터 자신의 병을 숨기기 위해 치료를 등한시하는 것이다. 우리나라에서 정신적 질환을 겪으며 살아간다는 건 '정신병자'라는 낙인이 찍히고 기피 대상이 된다는 사실에 동의한다. 사회적 시선 때문에 병원에 가기를 망설이는 사람이 있다면 꼭 이 이야기를 해 주고 싶다.

당신이 앓고 있는 혹은 곧 진단받게 될 병이 당신을 판단하는 기준이 되지 않는다. 병은 날 규정할 수 없다. 그 무엇도 나를 규정지을 수 없다. 당신에게 중요한 건 당신이 생각하는 당신 자신이다. 나는 굉장히 오랜 시간 동안 우울증이란 병을 나 자신이라고 착각할 정도로 바닥을 치는 삶을 살아왔다. 그러한 만성 우울증이 갑자기 조울증(양극성 장애)으로 바뀌었다. 우울증과 달리 조울증은 기분이 최고조로 좋아 보이고 들떠있는 모습을 보이며 넘치는 에너지로 무엇이든 해낼 수 있다는 자신감이 들었다. 세상이 달라 보였다. 우울증이 나아지고 있다는 착각까지 불러일으켰다. 내가 만성 우울증이 되기 전에 병원을 방문했다면 어땠을까? 처음 우울증이 발병한 열한 살, 그 나이에 병원을 방문했다면 인생은 달라졌을까? 온갖 생각으로 많은 후회를 했다. 지금에서야 후회한들 달라질 게 없다는 건 누구나 아는 사실이지만 후회하지 않을 수 없었다.

과연 전조 증상이 없었을까? 기억을 더듬어 보았다. 분명 나는 남들보다 감정 기복이 심했다. 느닷없이 웃는 모습에 주변 사람들이 '전혀 웃기지 않은대 왜 웃어?'라는 말을 건네기도 했고, 갑자기 울기 시작하면 당황하기도 했다. 그저 내가 조금 특이한 아이라고 생각했다. 감수성이 풍부해서 웃음과 눈물이 많은 줄 알았다.

조울증 환자 10명 중 7명은 우울증을 먼저 겪는 것으로 알려져 있다. 조울증의 조기 발견과 치료는 질환의 만성화를 막아준다. 나는 조기 발견을 놓쳐 만성화가 된 경우이다. 조울증 환자는 자신의 감정이나 행동들을 통제하지 못하기 때문에 가족과 지인들에게도 심각한 고통을 주게 되는 경우가 많아 조기 발견이 중요하다. 조울증은 정상적인 기분과 어떤 점이 다를까? 기분이란 일정 기간 지속되는 감정의 상태를 말한다. 평온한 기분을 느낄 수도 있고, 기분이 가라앉을 수도 있다. 단순히 이러한 기분 변화를 조울증으로 판단하는 것은 아니다. 기분을 스스로 조절할 수 있는 능력을 지니고 있다면 극단적인 문제에 이르지 않을 수 있고 전혀 문제가 없을 것이다. 하지만 조울증은 병적인 고양된 기분 상태에 빠지게 되고 스스로 감정을 조절할 수 있는 통제력을 넘어서 가족관계, 인간관계, 사회생활 등에 심각한 영향을 준다.

조울증은 뇌의 기분 조절 기능에 문제가 생긴 질환이다. 그렇기에 기분 조절을 위한 약물 치료가 필수적이다. 뇌에 존재하는 신경전달물질의 변화와 기능 이상이 원인이므로 균형을 잡아주는 기분 조절

제 처방이 필요하다. 5년 내 90% 이상 재발하므로 증상이 호전되어도 약을 끊는 것이 중요한 것이 아니라 약을 먹으면서 정상적인 생활을 이어가는 것이 중요하다. 약물치료 시작 후 증상이 호전되면 복용을 중단하는 사례가 자주 있는데, 정신과 질환은 증상이 호전된다 해도 상당 기간의 유지치료가 필요하다.

약물을 임의로 중단한 적이 여러 번 있었다. 약을 끊은 후에 증상이 바로 심각해지지는 않았지만, 서서히 상태가 안 좋아졌고 결국 일상생활이 거의 불가능했다. 우울감과 무기력감이 심해 대부분에 시간을 잠에 취해 살았다. 다시 병원을 방문하고 자의적으로 끊기를 반복했다. 임의로 약을 중단하는 것이 질환 재발의 가장 흔한 원인이라고 한다. 치료의 종결은 자의적으로 할 게 아니라 반드시 주치의와 상의 후 결정하자. 나와 같은 실수를 하지 않기 위해선 약물치료를 꾸준하게 받기를 권한다. 스스로 약을 끊는 행위는 병을 악화시킬 뿐 결코 증상이 나아지는 대에 도움이 되지 않는다.

또한 조울증은 충동을 조절하는 데에 어려움을 겪는다. 충동 조절의 약화와 무모함이 술이나 약물 남용을 유발한다. 술에 중독된 상태가 없어지지 않는 한 조울증은 치료될 수 없다. 조울증이 치료에 반응하지 않는 경우 알코올과 약물 남용 등의 가능성을 고려해 보아야 한다. 매일 술을 마시던 때가 있었다. 너무 괴로워서 먹는 술인데 문제는 술을 먹으니 더욱 괴로워지는 악순환의 반복이었다. 술을 마시면

오열했고 자해하는 행동을 했으며 누군가 이를 알아주었으면 하는 마음에 자해 사진을 지인에게 보내기까지 했다. 이 얼마나 무서운 행동인가. 나는 중독 단계로 가기 전에 술을 끊었다. 알코올 중독이 있는 환자의 경우 중독 치료 전문가의 도움을 받아야 한다. 알코올 중독은 조울증에 생각보다 훨씬 더 많은 문제를 일으킨다. 치료에 방해 요인이 되는 알코올 중독 치료를 성실히 받고 난 후 조울증 치료에도 힘쓰기를 바란다.

조기 발견을 위해선 전조 증상을 관찰하는 게 중요하다. 조울증은 기분 상태가 극단적으로 변하기 때문에 예측불허의 돌발행동을 할 가능성이 크다. 주변 사람들이 '요즘 따라 성격이 변한 거 같아.', '감정 기복이 심해진 거 같은데?', '갑자기 폭력성이 보여.'라는 말을 건넨다면 자신의 감정 변화를 관찰해보고 조울증 자가 테스트를 통해 정신 건강 상태를 점검해 보길 권하고 싶다.

나와 맞는 병원과 주치의를 찾는 것도 하나의 긴 여정이 될 수 있다. 아마 이 과정에서 지쳐 나가떨어지는 사태가 벌어질지도 모른다. 나는 병원을 여러 번 옮겨 다녔다. 그 당시 감정이 격해있었고 폭력성을 보이던 때라 주치의를 찾기 어려웠다. 여러 병원에서 나를 포기했고 자살 충동이 반복된다는 이유로 대학병원으로 옮기길 권유하시면서 소견서를 써주셨다. 병원마다 선생님들의 상담 방식과 약 처방법이 모두 다르기에 자신과 잘 맞는 곳을 찾는다는 게 어려울 수 있다.

하지만 당신과 맞는 주치의는 분명히 있다. 여러 번의 시도 끝에 현재, 주치의 선생님과 나의 기분 상태가 일상생활에서 어떻게 변화되어 가고 있는지 깊이 상담하고 약을 조절해 감으로써 증상이 많이 호전되었다. 적절한 치료자를 선택하는 것 또한 매우 중요하다. 그것은 당신의 중요한 권리 중 하나이다. 우리에겐 도움이 될 수 있는 치료자를 찾을 권리가 있다.

아픈 기간이 너무도 길었지만 어리석게도 나를 위해 노력해온 기억이 없다. 내 몸과 마음이 아프다면 자신을 사랑하기 위한 노력을 놓지 말아야 한다. 병에 관한 공부를 하고 생각하며 나에게 집중해야 한다. 지금 우리에게 필요한 건 용서하는 마음이다. 스트레스나 우울감의 원인을 생각해 보면, 두려운 생각에 너무 많은 시간을 소모한다. 이러한 생각은 에너지가 줄어들게 되고 열정을 잃게 만드는 호르몬이 몸 안에 흐르는 작용을 한다. 그러다 보면 울적하고 불행한 생각으로 이어져 우울감은 점차 더 커질 것이다. 용서를 실천하면서 이 스트레스와 우울감에서 벗어나야 한다. 용서는 나의 태도, 그리고 나에 대한 사고와 믿음에 변화를 준다. 과거의 나로부터 해방할 수 있는 매개체가 되고 미래로 전진해 나갈 수 있도록 도움을 준다. 힘들었던 과거의 나를 벗어던지고 한 발짝 나아가는 내가 되는 것이다.

용서의 실천은 긍정 에너지가 흐르게 되고 삶의 좋은 부분에 더욱 집중하고 즐길 수 있도록 도와준다. 이렇게 스트레스와 걱정이 줄어

들면 혼자 있거나 우울한 감정에 빠지더라도 좀 더 쉽게 벗어날 수 있도록 해 주는 힘이 생긴다. 점차 다른 사람들에게 다가가는 것 또한 쉽게 느껴지고 자신에 대한 믿음과 긍정적 태도가 강해질 것이다.

남들은 이랬다 저랬다 하는 내 모습이 이상해 보일지도 모른다. 하지만 그런 내 모습도 그저 나다. 나는 단지 조울증을 앓고 있을 뿐이다. 사회의 시선이 두려워 병원의 문턱을 어렵게 밟게 된 자신을 칭찬해주고 대견스럽게 생각해 주자. 행여나 조기에 발견하지 못한 나일지라도 자책하지 않기를 바란다. 우리는 모두 실수할 수 있는 존재이다. 당신을 감추지 않았으면 좋겠다. 감추며 살기엔 당신은 너무나 소중하다.

자살이라는 속삭임

· · ·

처음으로 죽고 싶었던 때를 떠올려 본다. 나에게 자살을 언제 처음, 또는 최근에 생각해봤냐고 묻는다면 그 질문에 나는 뭐라고 말해야 할지 모르겠다. 나에게 죽음이란 삶과 같았다. 사람들이 주어진 삶을 그저 하루하루 살아가듯 나에겐 죽음이 그랬다. 죽음은 하루의 일과였다. 사람이 배가 고프면 밥을 먹듯, 숨을 쉬듯, 신체의 기능이 시간의 흐름에 따라 기능을 하듯 나에게 죽음이란 그저 나의 의지와는 상관없이 피할 수 없이 반복되는 갈증이었다.

'나는 왜 살아 있지? 죽어야만 해.' 그런 생각을 할 때의 나는 열한 살이란 나이였고, 열한 살의 나이는 결코 그러한 생각에 적합한 나이는 아니다. 그럼에도 나에겐 필수불가결의 생각인 죽음은 나의 친구에게도 걱정거리인 문제였다. 부모님은 나에 대해 잘 모르셨다. 당시 친하게 지냈던 친구만이 내 생각을 알고 있었다. 지금 생각하면 그 친구 외엔 아무도 내 무거운 우울감을 눈치채지 못했을 것이다.

자살을 하려는 모든 사람이 모두 격하거나 화를 내고 극도로 불안정하진 않다. 겉보기에는 우울해 보이지 않는 사람도 있으며 오히려 굉장히 유쾌해 보이는 이도 있다. 나는 그런 축엔 끼지 않았지만 갑작스럽게 자살할 정도로 이상행동을 보이진 않았다. 나는 그저 수업을 듣지 않고 말수가 없었으며 매일 창밖만 쳐다보는 조금 특이한 아이였을 뿐이다. 친구가 아예 없었던 것도 아니니 그 당시 내가 죽었다면 아무도 그 죽음에 대해 그럴 줄 알았다고 생각하지 않았을 것이다.

중고등학생의 시간은 무기력이 항상 이기는 게임이었다. 조울증이 발현된 대학생 시절엔 극도로 불안정했고 항상 자살 충동이란 게임의 스위치를 켤 수 있는 나이가 되었다. 아픔을 좋아하진 않았지만 그러한 생각은 죽고 싶다는 생각에 비할 바가 아니었다. 사는 고통이 죽는 고통보다 심한 순간이 있다. 나는 지금도 널뛰는 감정 변화에 자살 충동이란 게임의 스위치가 켜질 때면 견디기 힘들다. 그 순간만큼은 나를 멈출 수 있는 건 아무것도 없기 때문이다.

대다수에 사람들은 타인 때문에 자살하기도 한다. 남들이 자신을 어떻게 생각하고 대하는지 매 순간 걱정하며 살아간다. 나의 가치를 나에게 두는 것이 아닌 타인에게 두는 것이다. 타인에 의해 내 가치가 정해진다는 오류에서 오는 자살이다. 그들의 마음을 이해하지 못하는 건 절대 아니다. 나 또한 타인의 생각과 시선에 얽매여 살던 시간이 꽤 길었다. 하지만 나는 이러한 타인에 의해 조종되어 살아가는 삶이 내 몸과 마음을 얼마나 갉아먹는지 아이를 낳고 키우면서 알게 되었다. 내 아이가 그렇게 성장하길 원치 않는 마음이다. 아이들에게 나는 늘 말한다. '너는 정말 소중한 아이야. 엄마는 네가 언제나 행복하기를 바란단다.' 나는 가슴이 아팠다. 나는 나에게 그렇게 얘기해주지 못했다.

타인이 내 단점을 더 많이 신경 쓴다고 느끼는 생각은 자신을 더 예민하게 만든다. 물론 타인에게 평가받는 때는 많다. 다만 타인은 내 생각만큼 나에게 그리고 나의 단점에 관심이 없다. 그들 역시 자신이 남들에게 어떻게 보일지 걱정하느라 바쁘다. 하지만 우리는 늘 무가치, 수치심, 자기혐오에 빠져든다. 자신이 세상에서 살 가치가 없다고 느끼게 된다.

우린 타인을 위로할 땐 말한다. '넌 소중한 사람이야. 아주 사랑스러운 사람이고 그러니 지금 이 힘든 순간을 조금만 더 견뎌보자.' 이 말을 자신에게도 할 수 있는 사람은 얼마나 될까? 난 그렇지 못한 사람 중 하나였다. 위로가 필요한 건 나였다. 남의 해주는 위로가 아닌 내가 나에게 해주는 위로가 필요했다. '사람들은 네 생각보다 너의 단점에 관심이 없어.'라고 말해줘야 했다. 자살 충동이 일어날 때 이 게임의 스위치를 끌 수 있는 사람은 자신이다. (아마 이 글을 읽고 있는 당신 또한 이 사실을 알고 있을 것이다.)

무엇이 사람을 그 지경까지 몰아갈까? 우울증은 자살성 사고를 늘리는 가장 일반적인 정신 질환이지만 유일한 원인은 아니다. 자살 충동을 느끼는 모든 사람이 우울하지는 않다. 죽음을 불러일으키는 욕망은 자신을 스스로 무능력하다고 느끼는 느낌과 어디에도 소속되지 못했다는 좌절된 소속감에 영향을 미친다. 이러한 무능감과 좌절된 소속감은 우리가 건강하고 행복하게 살아가기 위한 삶에 부정적인 결과를 불러오며 자살 위험을 높인다.

자살의 공통분모는 자책 혹은 자기 비난이다. 우리를 자살 충동으로 몰아넣는 것은 단순히 자존감이 낮다거나 위에서 말한 자신이 무능력하다고 느끼고 좌절된 소속감을 느끼는 것에 그치지 않는다. 훨씬 더 많은 복잡한 문제들이 자신을 악마화하는 것이다. 사람들에겐 자신이 중요하다는 생각이 자살뿐만 아니라 삶을 살아가는 부분에 많은 영향을 준다. 죽고 싶다는 생각이 어떻게 인간을 유혹하는지 그 작용 원인에 대해 알 수 있다면 우리는 이 강한 욕망을 조금이라도 가라앉힐 수 있을지도 모른다. 강렬한 자살 충동 기간은 길어야 24시간이라고 한다. 사람들은 누군가 자살한 뒤 그 뒷이야기가 밝혀지면 주위의 사람들에게 고민을 털어놓기가 왜 그리 어려웠는지 안타까워한다. 하지만 그들은 마음을 열기가 너무도 두려워서, 손을 내미는 것보다 자살이 덜 고통스러운 대안으로 보였을 것이다.

자살을 실행하려는 사람들의 감정을 들여다보는 것만큼 중요한 것은 없다. '자살하려는 사람이야말로 가장 살고 싶은 사람이다. 다만 그렇게 살고 싶지 않을 뿐.' 온라인에서 돌아다니던 글이다. 난 이 글에 굉장히 공감했고 서글펐다. 우울증에 시달리며 자살 충동을 느끼는 사람들은 살고는 싶은데 어떻게 해야 살아갈 수 있는지 답을 모른다. 자신을 자살이라는 낭떠러지에 던짐과 동시에 도와달라고 소리치는 상태가 전형적인 자살 형태이며 행위의 양면 모두가 진짜다. 반복되는 자살 충동에 지금 다니고 있는 병원 주치의 선생님이 입원을 여러 번 권유하셨다. 나를 자살 충동에서 구할 방법은 그것뿐이라고 생각하셨다. 나는 몹시 혼란스러운 상태였다. 자살 기도를 안 하겠다는 약속을 할 수 없었다. 돌보아야 할 아이들이 죽지 않아야 할 이유가 되진 않았다.

그렇게 나는 폐쇄병동에 입원했다. 하지만 그곳에서도 오래 버티지 못했고 며칠 후 나는 진정되지 않은 상태로 사고를 일으키게 되면서 도망치듯 퇴원해야만 했다. 그저 나 자신이 지독히 싫었고 죽고 싶었다. 죽음이야말로 내가 결론 낼 수 있는 선택지에서 최선의 결과였다. 조울증(양극성 장애)은 모든 정신장애를 통틀어봐도 자살 위험이 높다. 조울증 환자의 평생 자살 위험도는 일반 인구의 약 열다섯 배에 달한다고 한다. 나 같은 경우도 아주 어릴 때부터 자살에 취약했던 사람이라고 할 수 있다.

알코올 섭취로 인해 자살 충동을 못 이긴 적이 여러 차례 있었다. 장기간 알코올과 약물을 남용하는 것 또한 일반인에 비해 자살 확률이 높다. 중독성을 지닌 물질이 뇌에 영향을 미쳐 자살 행동에 영향을 준다. 알코올은 자신한테서 일시적으로 도망치는 방법이다. 알코올이 주는 힘을 다들 알고 있을 것이다. 알코올을 섭취하면 우린 알딸딸한 정신상태가 되며 몽롱한 기분이 들어 그 상태를 즐기게 된다. 현실도피를 할 수 있게 해주는 것이다. 자살 충동이 알코올 중독으로 몰아가는지, 알코올에 극도로 의존하여 자살 충동을 일으키게 되는지 어떤 쪽이 맞는지는 모르겠지만 분명 조울증을 겪고 있는 상태에서 알코올은 너무도 위험한 존재이다.

나는 알코올을 섭취하면 자살 충동의 몇 배는 올라가는 것을 직접 경험했다. 잠깐의 기분 좋은 상태에서 곧이어 우울의 상태가 순식간에 몰아쳤고 기분은 곤두박질쳤다. 그렇게 옥상에서 바닥을 보는 시간, 바닥이 나를 끌어당기는 섬뜩한 찰나의 순간을 경험했다. 그러한 순간을 겪으며 알아낸 방법이 있다. 믿기 힘들겠지만, 미루기야말로 자살을 방지하는 최선책이다. 나에게 미루기란 현재를 살게 한다.

나는 이 책을 쓰기 위해(나와 같은 고통을 겪는 사람들에게 나 또한 아직 살아 있다는 것을 알리기 위해), 두 딸이 성장하는 모습을 보기 위해 죽음을 미루었다. 당신에게도 죽음을 미룰 수 있는 이유가 생겼으면 좋겠다. 죽음이 당신에게 최선의 결과이지 않길 바란다. 그 이유에서 나는 이 글을 멈출 수가 없다.

나를 사랑할 수 있을까
· · ·

　나는 경계선 성격장애(Borderline Personality Disorder)라는 병명을 진단받은 사람이다. 경계선 성격장애는 사람들에게 생소한 병명이다. 나는 정서, 행동, 대인관계에서 극히 변덕스럽고 예측 불가능하다. 항상 허무감과 극단적인 감정을 오가며, 행동에 대한 자제력이 없고, 자기 파괴적이다. 진단을 받기 전엔 내가 왜 이러한 감정을 매일 겪으며 파괴적이고 충동적인 행동을 하며 살아가는지 알 수 없었다.

　삶은 불안정했고 대인관계 또한 온전치 않았다. 나에게 대인관계는 소중하지만 언제든 끊을 수 있는 양가감정을 갖게 했다. 이런 나에게 사랑이라는 건 자신뿐만 아니라 타인에게도 주기 어려운 벽이다. 사람을 너무 잘 믿고 좋아하지만 격렬하게 상처를 주고받고 너무나 쉽게 관계를 맺고 끊는다. 상태가 이렇다 보니 주변에 사람이 남아있을 리가 없다. 진단을 받기 전에는 몰랐었다. 그저 이상한 성격이라고 생각했다. 병명을 진단받는다고 모든 게 해결되지는 않는다. 그저 내가 할 수 있는 최선을 다할 뿐이다.

이런 나일지라도 삶을 살아갈 권리가 있다고 믿는다. 그러한 생각은 나를 오늘의 죽음을 넘어서 내일을 바라볼 수 있게 해주는 작은 희망이 된다. 이미 살아온 날들이 너무나 어두웠기에 어려운 일이다. 하지만 잡히지 않는 먼 곳을 바라보는 게 아닌 지금 여기, 내가 살아갈 현재를 생각하며 오늘을 견뎌내는 일에서 삶을 본다. 내가 무엇을 해야만 하는 존재가 아닌, 그저 살아 숨 쉬는 그 자체만으로도 충분하다는 사실을 알기까지 오랜 시간이 걸렸다. 매일 죽음과 싸우는 나의 전쟁 같은 하루는 누군가에겐 더욱 힘든 하루였을지도 모른다. 내가 제일 힘들다고 생각했다. 매 순간을 부정적인 시선으로 살아가고 있었다. 분명 나처럼 긍정적으로 살아가기 힘든 사람들도 많다.

왜? 삶은 고통이니까. 이 사실만은 분명하다. 삶은 고통이다. 그러나 즐거움과 행복만 계속되는 일은 없다. 고통받는 나는 결국 내가 옭아매는 나의 한 부분에 불과하다. 고통받는 나일지라도 우리는 행복하고 즐거움을 느낄 수 있는 다른 부분이 있다는 걸 잊지 말아야 한다. 고통과 괴로움이 나의 전부가 아니다. 어떠한 괴로움도 자신을 잡아 삼킬 수는 없다. 우리가 이 사실을 깨닫는다면 오늘을 견딜 수 있는 하나의 선택을 도울 수 있지 않을까? 우리가 느끼는 모든 감정을 긍정과 부정이라는 두 가지 감정으로 나누어 평가하는 건 좋지 않다. 좋아하는 감정이 있을 뿐 감정에는 무조건 긍정적이거나 부정적인 감정은 존재하지 않는다. 기쁨, 행복, 불안, 슬픔은 인간이라면 누구나 겪고 느끼는 감정이기에 우리는 이러한 감정을 받아들임으로써 자신을 인정할 수 있다.

우리에게는 행복할 권리가 있다. 내가 조울증 환자라 해도 당신이 더 한 고통을 겪고 있는 사람이라 할지라도 우리는 존재 그 자체만으로 귀한 사람이다. 이 사실을 나 또한 자주 잊곤 한다. 나 자신을 늘 누군가와 비교하고 내가 쓸만한 사람인지 계산하고 잰다. 그 비교라는 것이 주는 영향력은 대단하다. 한순간에 사람 하나를 쓸모없는 사람으로 만들어 버린다. 우리는 누군가와의 비교 대상이 아니다. 어떠한 사물을 보아도, 생명체를 보아도 각자가 느끼는 감정이 모두가 다른데 어찌 나라는 고귀한 생명을 누군가와 비교할까? 요즘 나는 누구와도 비교할 수 없는 세상에 하나뿐인 존재라는 것을 매일 실감하고 있다. 자신에게 비교와 비난을 하다 보면 자신의 단점만 보인다. 장점도 단점도 결국 나라는 존재를 만든다. 장점만 가진 사람은 없다. 아무리 완벽해 보이는 사람에게도 단점은 있다. 사람은 그런 존재가 아닐까?

최근 기억력이 너무 안 좋아져 사소한 일조차 기억하지 못한다. 하지만 이런 일은 억지로 되돌릴 수 있는 부분이 아니다. 이럴 땐 방법을 찾으면 된다. 나는 메모하는 습관을 만들고 있다. 그게 나의 선택이다. 많은 사람이 자신의 단점만을 찾고 그 단점을 가진 자신을 미워한다. 자신을 미워하는 방법이 가장 쉬운 방법이기 때문이다. 무조건 자기 자신을 좋아하려는 시도는 흔한 방법이지만 효과가 없다. 자신의 모든 모습을 사랑할 필요는 없다.

누구에게나 스스로 마음에 들지 않는 부분이 있기 마련이다. 좋아하지 못하는 내 마음을 부정하고 비난할 필요는 더더욱 없다. 모든 사람에게 단점이 있으며 내가 나의 모든 부분을 좋아할 필요는 없다는 마음가짐이라면 나를 바라볼 때 한결 편한 마음일 수 있지 않을까? 나에게 있는 돋보이는 면이 내가 원해서 만들어진 게 아니듯, 나의 단점 또한 나의 잘못이 아니다.

남들이 정해놓은 원칙을 따라야만 행복에 가까워진다고 생각했다. 그래야 나를 사랑할 수 있을 거라고 착각했다. 과연 남들이 정해놓은 원칙에 가까워지면 행복해질까? 남들과 비슷해지면 나는 나를 사랑할 수 있을까? 그런 괴로움을 겪는 과정에서 하나 깨달은 것이 있다면 삶에 정답은 없다는 것이다. 하고 싶은 일을 하는 것만큼 자신을 빛나게 하는 일은 없다. 하고 싶은 일이 있다면 꼭 도전해보길 바란다. 나를 빛나게 하는 일은 글을 쓰게 된 일이다. 글쓰기는 상처를 꺼내 보일 수 있는 계기가 되었다. 무엇보다 글을 쓰면 행복했다. 글쓰기는 영혼의 대화라고 했던가. 나를 사랑할 수 있는 용기를 주었음에 감사함을 느낀다. 이대로의 나로도 괜찮다는 사실을 받아들이게 도 와주었다. 글쓰기로 인해 나는 내 인생의 주인이 될 수 있었다.

열정을 쏟을 수 있는 일이 있다는 것만으로도 나는 희망의 날개를 달고 있는 것과 같다. 희망은 곧 나를 사랑할 수 있게 해주는 친구가 되어준다. 내가 아무리 부족하고 서툰 인생을 살아왔을지라도 이렇게 하루를 또 살아 숨 쉬는 것처럼 당신에게도 버티기 힘들었던 오늘 하루, 그 고통 속에서도 잘 버텨왔노라고 서로를 부둥켜안고 토닥이고 싶다. 우린 완전할 수 없는 사람이다. 당신뿐만이 아닌 모두가 그러하다. 그 부족함을 인정하고 매일 성장해 갈 수 있다는 믿음을 가져 주기를 바란다. 인상 깊게 본 책에 '상처 입은 치유자'가 되고 싶다는 구절이 나온다. 매우 감동한 구절이다. 나 또한 이 글을 보는 모든 이 에게 상처 입은 치유자가 되고 싶다. 나를 사랑하게 된 만큼 누군가를 사랑하며 살아가는 게 처음으로 마음속에 자리 잡은 나의 작은 소망 이다.

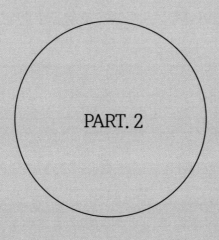

PART. 2

때로는 좋았다가,
때로는 나빴다가

우리는 모두 타인에게서 혹은 어떠한 사물에서

안식처를 얻길 원한다.

하지만 결국 내 안식처는 내가 되어야 한다.

다른 것에서 얻는 안식의 마지막은 외로움으로 남을 수 있다.

그것은 채워지지 않는 우물이 된다.

나를 믿고 사랑하며 내가 나의 안식처가 될 수 있길

오늘도 기도하며 살아간다.

오늘 기분은 어떠니

• • •

    증상이 나아진다는 느낌이 좀처럼 들지 않을 때가 있다. 그런 기분이 들 때면 약을 끊고 싶다는 마음의 소리가 요동친다. 약에 의심도 상당히 많은 시기였다. 과연 치료가 제대로 되고 있는가에 관한 의구심에 결국 스스로 약을 끊었다. 약을 끊고 두 달 정도 되었을까? 이상한 느낌을 받았다. 감정을 전혀 느끼지 못하게 된 것이다. 그것은 무감정 상태였다. 확연히 느낄 수 있었다. 난 전혀 분노하지도 충동적이지도 기분장애 때문에 아프지도 않았다. 감정의 소용돌이에서 헤어나왔으니 당연히 편한 일상이었다. 하지만 어딘가 모를 불안감이 들었다. 널뛰는 감정에 힘들게 보내온 세월이 길었기에 감정을 느끼지 못하는 게 편했지만 찜찜한 기분을 떨쳐버릴 수가 없었다. 그러던 중 사건이 일어났다.

아버지의 죽음

갑작스럽게 아버지가 돌아가셨다. 큰 병이 있으셨던 건 아니었다. 잔병치레로 아버지는 자주 아프셨다. 언젠간 세상에 없을 아버지에 대한 마음의 준비를 항상 하고 살았다. 버림받는 것과 상처받는 게 두려운 나는 이별을 미리 준비하곤 한다. 그래서일까. 언니의 전화 한 통으로 알게 된 아버지의 소식에 우린 덤덤하게 통화를 이어갔다. 얼마나 침착했으면 각자 키우고 있는 반려동물을 장례를 치르는 동안 어떻게 해야 할지 걱정하는 이야기가 오고 갔을까. 그렇게 태연하게 전화를 끊고 짐을 챙겨 응급실로 향했다. 눈물이 나질 않았다. 믿기지 않았다. 아버지의 얼굴을 확인한 그순간만이 울 수 있는 유일한 시간이었다. 감정이 말라버린 것이다. 장례를 다 치르고 집에 와서도 눈물이 나질 않았다. 이상하리만큼 아무렇지 않았다. 결국 두 달 만에 다시 정신과를 찾았다.

나 "선생님, 감정이 전혀 느껴지질 않아요. 이상하지만 너무 편해요. 편하면서도 아무것도 느껴지지 않으니 아무 감정도 느끼지 못하게 되는 건 아닌지 걱정이 돼요. 얼마 전 아버지가 돌아가셨는데도 눈물이 전혀 나질 않아요. 어떤 생각을 해도 눈물이 나질 않고 아무 감정도 느껴지질 않아요."

선생님 "약을 드시지 않으시면서 상태가 더 안 좋아지셨네요. 우울증을 심하게 겪고 나면 그런 무감정 상태가 올 수 있어요. 약을 다시 조절하는 방법을 시도해보도록 하죠."

결과는 예상과 같았다. 주치의 선생님은 상태가 더 안 좋아졌다고 하셨다. 우울감과 슬픔을 많이 느낀 후엔 이렇게 아무것도 느끼지 못하는 상태가 될 수 있다고 한다. 우울증을 앓고 있는 사람들은 대게는 감정을 억압하거나, 감정으로부터 도망치려고 한다. 감정을 억압해서 마치 그 감정이 없는 듯 행동하는데, 의식적으로 억누르는 경우 감정이 있음을 인지하기도 하지만 그 반대의 경우엔 무의식에서 미처 그 감정이 있다는 걸 알아차리기도 전에 억압하기도 한다. 감정으로부터 도망치는 것이다. 문제는 부정적인 감정을 억제하고 회피하는 것뿐만 아니라 기쁨, 행복, 사랑과 같은 긍정적인 감정 또한 억제하고 회피한다. 모든 감정을 느끼지 않으려고 발버둥 치다 보니 어떠한 감정도 잘 느끼지 못하고 표정이 굳어지며 무감정 상태로 변한다. 나는 누가 봐도 그러한 상태였다. 처음엔 너무 편한 일상에 약을 다시 먹지 않고 이 감정 상태를 유지하려는 생각도 해보았다. 하지만 기쁨마저도 느끼지 못하는 경험은 슬픔을 너무 강하게 느끼는 삶과 다를 게 없었다. 아버지를 보내고도 울지 못하는 내가 섬뜩했다. 아마 가까이서 지켜보던 남편도 내가 정말 아무렇지 않았으리라고는 생각지도 못했을 것이다. 절실하게 감정을 되찾고 싶었다. 약을 다시 처방받았고 꾸준하게 복용하기 시작했다.

한 달이 다 되어갈 때쯤 감정이 새록새록 피어오르는 느낌이 들었다. 새로운 시작이었다. 마치 새싹이 삐죽삐죽 고개를 내밀려는 듯 무언가 피어오르는 느낌, 다른 세상이었다. 설레는 감정도 의욕도 다시금 생기게 되었다. 치료라는 게 이렇게나 소중한 기회였다니 감사한 마음이 들었다. 그러한 기분이 들자마자 오늘 내 기분이 어떤지 생각해보았다. 오랜만에 선선하게 불어오는 내 뺨을 스쳐 지나가는 바람도 내 옆을 지나치는 여성의 달콤한 향기도, 그 모든 것이 아름답게 어우러졌다. 그때 느낀 감정을 일기로 적어 두었다.

'행복이란 게 이런 거라면 난 이제 정말 행복하고만 싶다. 매일매일 소소한 행복을 느끼고 싶다. 행복이 이렇게 달콤하다면 이 달콤함을 입속에서 씹고 또 씹으며 이 기분을 곱씹어 보고 싶다. 나처럼 슬프고 우울한 삶을 살아가는 사람들에게 이 기분을 설명할 수 있다면 꼭 말하고 싶다. 당신도 나처럼 치유될 수 있다고. 행복할 수 있다고.'

'행복은 발밑에 있다.'라고 한다. 쉽게 찾을 수 있지만 먼 곳에서만 찾기 때문에 나온 말이리라. 현재 우리가 누리고 있는 크고 작은 행복은 우리가 언젠가 꿈꾸었던 미래의 행복이다. 행복이 너무 작아 보여서 느끼지 못하고 찾지 못하는 건 아닌지 한 번쯤 돌아볼 필요가 있다. 나는 그날 비로소 처음으로 평범한 행복을 느껴본 것이다. 인생 자체가 평범치 않았기에 나는 소소하고 평범한 행복을 느끼지 못할 거라 단정 짓고 살았다.

그건 나의 착각이었다. 일상이 주는 소소한 행복이 있는 삶은 결코 멀리 있지 않다. 행복은 우리 옆에 있다. 아주 가까이 발밑에 말이다. 혹시 당신은 '내일은 행복할 수 있겠지?'라고 생각하는가. 내일 행복하기 위해 오늘을 희생하고 있지는 않은가. 행복은 추구하는 것이 아닌 발견해 나가는 것이다. 우리는 하루에도 몇 번씩 감정이 변화한다. 기분이 좋다가도 감정이 가라앉는 우울감과 무기력감이 오기도 한다. 조울증을 앓고 있다면 이러한 기분 변화는 예측할 수 없이 자주 오며, 이 문제는 비단 우울증, 조울증만의 문제가 아닌 감정이 특성이다.

세상에 내 뜻대로 되는 일이 얼마나 될까? 직장생활도 가정에서의 일도 인간관계도 모두 다 내 뜻대로 되지 않는다. 그중에서 감정은 두 말하면 입이 아플 정도로 더욱 격렬하게 제멋대로 바뀌어 버린다. 힘들었던 과거가 있기에 현재의 내가 행복할 수 있다고 생각하면 작은 행복도 크게 다가온다. 과거를 원망하지도 불행해하지도 않으며 행복을 미루지 않고 현재의 내가 행복해야 하는 게 가장 중요하다. 내가 아픔을 겪으면서 얻은 가장 큰 교훈이자 앞으로 잊지 않아야 할 가르침이다.

행복과 불행은 끊임없이 내 안에서 출렁거린다. 그 둘이 없다면 그건 인생이 아닐 것이다. 삶은 우리의 의지와 상관없이 심하게 굴곡을 일으킨다. 우리가 생각지도 못했던 그저 작은 행복이 오늘의 우리를 살게 한다. 그게 무엇이 되었든 그것을 발견하는 건 오로지 자신의 몫이다. 어렵게 느껴질 수도 있지만 내가 할 수 있다면 그건 누구나 할 수 있는 것이라고 자신 있게 말할 수 있다. 스코틀랜드의 속담에 이러한 속담이 있다. '살아 있는 동안 행복 하라. 죽어 있을 시간이 길 것이니.' 노력에도 힘이 든다면 그땐 전문가의 도움을 받자. 나 또한 전문가의 도움으로 치료의 효과를 제대로 보고 있다. 내 생각은 치료받으며 완전히 바뀌었다.

우리의 일생에서 오는 행복과 불행은 누구의 탓도 아닌 자신이 만들어가는 것이다. 그렇기에 만들어가는 것도 받아들이는 것에 주체도 자신이다. 불만은 욕망에서 비롯되기 때문에 우리는 이러한 불만에 속지 않으면 된다. 불만으로 인해 자기 자신을 괴롭히지 않는다면 인생은 한층 더 즐거워질 수 있다. 현대 사회는 온갖 유혹이 우리에게 손짓한다. 사람들은 점점 쾌락을 추구하게 되고 삶에 목적과 욕망을 충족시키는 것에만 집중하는 환각 상태에 빠진다. 그러한 삶엔 행복이 있을 수 없다.

행복의 열쇠를 쥐고 있는 건 우리 자신이다. 이 열쇠로 자신을 구제하는 것이다. 이 순간, 이곳이 행복이 시작되는 곳이다. 불행하고 고통스러운 현재의 삶에 지쳐 어느 것 하나에도 즐거움과 행복을 느끼지 못하는 사람들을 보면 참으로 안타까운 마음이 든다. 나도 그랬으니까, 나 또한 여전히 그럴 때가 있으니 말이다. 그럴 땐 이 방법을 사용해 보자. 오늘 하루 반복되는 오락가락하는 날씨 같은 내 기분 중에도 하나의 작은 기쁨과 행복이 있다면 그 순간을 캐치하고 적어보는 감정 노트법이다.

자신의 감정이 어떤 한지 적어보는 감정 노트에 자신의 즐거웠던 순간을 적어보면 나도 이렇게 좋은 기분일 때가 있다는 것을 인지하기가 조금 더 수월해진다. 사소할 수 있는 이러한 행동이 습관이 되어 자신의 감정을 좀 더 깊이 이해하고 받아들이는 계기가 되어준다면 그 모습을 상상하는 나에게도 정말 감사한 일이다. '행복은 발밑에 있다.'라는 말처럼 자신의 바로 옆에 기쁨과 행복이 있음을 당신과 내가 느낄 수 있는 하루가 되길 바란다.

도망은 잘못일까

· · ·

누구나 한 번쯤은 지금 상황에서 도망치고 싶다고 생각한 적이 있을 것이다. 도망에는 회사, 가족, 자신, 공부 등 여러 종류의 복합적인 도망이 있다. 과연 도망은 항상 나쁜 것일까? 나는 도망에 매우 능숙한 사람이다. 특히 인간관계에서의 도망은 습관이 되었다. 경계선 성격장애는 타인을 보는 관점을 극적으로 바꾼다. 나는 관계 초기에 상대방을 이상화하고 많은 시간을 함께 보내며 모든 것을 공유하지만 돌연 상대방에 대한 시각을 바꾼다. 공격적 또는 방어적인 태도로 행동이 돌변하기도 한다. 이러한 성격장애로 곁에 남은 사람이 거의 없다. 성격장애를 겪고 있는 사람이 아니라 하더라도 인간관계는 항상 어렵고 익숙해지기 쉽지 않다.

인간관계는 늘 어려워

현 사회는 메신저가 발달했고 여럿이 함께 모임을 하는 것이 일반적이다. 그러한 메신저의 수단 중 단톡방(3인 이상의 다수가 이야기를 나누는 메신저 채팅방)에 관한 이야기이다. 스무 살 때부터 친했던 친구들과 함께 만든 채팅방이 있었다. 우린 단톡방에서 이야기를 나누기도 했으며 각자 더 친분이 있는 친구에게 따로 개인적인 대화방에서 이야기를 좀 더 나누곤 했다. 분명 같은 나이에 친구가 되었고, 같은 채팅방에 있었지만 나는 친구들 사이에서 뭔가 겉도는 기분을 항상 가지고 있었다. 그건 이 친구들과의 문제만은 아니었다. 어릴 때부터 늘 그래 왔다. 내가 있어야 할 곳이 아닌 느낌이었다. 친구들이 다가오면 부담스러웠다. 나 자신을 숨기기 바빴고 속내를 꺼내고 나면 나란 사람을 들킨 것 같은 수치심에 다시 거리를 두게 되는 뫼비우스의 띠 같은 관계를 지속했다. 그렇게 단톡방에서도 말수가 가장 적었다.

친구들이 하는 이야기가 전혀 즐겁지 않았다. 공통분모는 같은 나이에 친하게 지낸 친구라는 한 가지뿐이었다. 나를 제외한 세 명의 친구들은 따로 만나는 날이 잦아졌고 나만 홀로 은둔형 외톨이처럼 행동했다. 그때는 우울증이 가장 심해졌던 시기라 결국 단톡방에서도 말없이 나오고 말았고 연락처도 바꾸었다. 친구들이 나에게 연락할 수단이 없어진 것이다. 난 또 도망쳤다. 도망은 괴로울 때 쓰는 가장 편한 방법이었다. 시간이 흐른 후 생각해보니 혼자만의 시간만큼 함께하는 시간도 필요하다는 걸 모든 관계를 잃고 나서야 알았다. 사람들은 이렇게 맞지 않는 옷을 입은 듯한 관계에서 도망치는 길과 어떻게든 관계를 유지하는 길의 선택 앞에서 어려워한다.

내가 생각하는 틀에 맞는 사람은 없다. 내가 그 사람의 틀에 맞춰줄 수 없듯 그러한 사람을 찾는다는 것은 허공에다 외치는 비현실적인 소망일 뿐이다. 이 사실을 깨닫고 받아들여야 한다. 모든 사람은 나와 같을 수 없고 서로 불편함을 감수하고 맞춰가는 사이만 있을 뿐이다. 누군가를 100퍼센트 이해하는 것은 불가능하며 나에게 100퍼센트 맞춰주는 사람 또한 이 세상에 없다는 것을 받아들이자. 하지만 분명히 알아두어야 할 것은 상대하기 어려운 사람과 마주했을 때 내가 더 상처받기 전에 스스로 보호하는 게 최선이 될 수도 있다는 것이다. 이러할 경우 자신을 자책하며 상처받고 어떻게든 감당해내려는 노력은 부질없는 노력일 수 있다. 사람들과의 소통을 소중히 여기되 나를 해하려는 사람까지 감당할 필요는 없다는 얘기다.

노력해도 개선되지 않는 관계는 도망치는 편이 낫다. 나 자신보다 중요한 것은 없다는 걸 명심해야 한다. 나를 지킬 수 있는 건 나 자신뿐이다. 모든 사람에게 좋은 사람일 필요는 없다. 나를 믿고 나의 선택을 믿어야 하며 내 인생을 소중히 여겨야 한다.

내 인생의 속도대로 가자

도망이라고 말하면 부정적으로 들릴 수 있지만 도망이 무조건 나쁜 건 아니다. 우리에겐 삶의 탈출구가 필요한 순간들이 많다. 당신의 머릿속에 도망치고 싶다는 생각이 끊임없이 떠오른다면 이미 당신의 심신은 당신의 생각보다 더 위험한 상태일지도 모른다. 우리에겐 언제든 들어가 쉴 수 있는 동굴이 필요하다. 동굴이 없다면 우리의 인생은 너무도 피곤해진다. 아무것도 할 수 없이 옴짝달싹 못 하는 지경에 이르게 되기 전에 숨을 곳을 만들어야 한다. 도망치지 않는 사람의 삶도 분명 열정적이고 멋지다. 하지만 우린 나만의 속도를 찾는 것이 중요하다. 인생은 장기전으로 생각해야 한다. 자신의 속도를 찾지 못하고 타인에게 휘말려 무조건 속도를 내며 달린다면 당연히 무리가 올 수밖에 없다. 나는 최대한 나의 속도를 찾으려 애쓰고 있고 내 속도로 달리고 있다. 쉬어야겠다고 스스로 결정을 한 후엔 일단 푹 쉬자. 모든 일을 다 놓아버리고 도망치고 싶을 땐 정말 도망쳐 보자. 아주 짧게라도 좋다.

지금 있는 곳에서 도망쳐 보는 거다. 혼자 조용히 카페에 가도 좋고 짧게 여행을 떠나도 좋다. 사랑하는 사람을 만나 수다를 떨거나 좋아하는 취미생활로 잠시 일상을 잊어 보아도 괜찮다. 훌쩍 도망친 후 다시 일상으로 돌아오면 된다. 이미 몸과 마음이 망가진 상태에서 버텨

본다 한들 좋은 결과가 나올 수 없다. 내 몸과 마음의 부서진 조각들을 다시 붙이려면 오랜 시간이 걸린다. 아주 오랜 기간 치료에 시간을 쏟아부어야 할지도 모른다. 부디 그렇게 무너지기 전에 도망쳐 보자.

돌아올 수만 있다면 지금 가지고 있는 마음의 응어리들을 다 떨쳐 버릴 수 있는 도망도 좋은 수단이 될 수 있다. 스스로 판단하고 선택할 때 우리의 삶은 더 가치를 발하고 소중해진다. 자신의 마음이 외면당하면 어떤 일에서든 행복할 수가 없다. 타인 중심의 삶에서 벗어나 자기중심의 삶을 살기를 바란다. 자신을 믿지 않는 사람들이 있다. 타인이 나를 믿는 것에도 신경을 쓰며 살아가는데 내가 나를 못 믿는다면 과연 누가 나를 믿어줄까? 나는 결코 남의 보는 나로 살길 원치 않는다. 내가 믿는 나로 살길 원한다.

우리는 모두 타인에게서 혹은 어떠한 사물에서 안식처를 얻길 원한다. 하지만 결국 내 안식처는 내가 되어야 한다. 다른 것에서 얻는 안식의 마지막은 외로움으로 남을 수 있다. 그것은 채워지지 않는 우물이 된다. 나를 믿고 사랑하며 내가 나의 안식처가 될 수 있길 오늘도 기도하며 살아간다.

나는 왜 무기력한가

. . .

지금의 남편을 만나 1년의 연애 끝에 첫째를 가진 몸으로 결혼식을 올리게 되었다. 만성 우울증이 있었던 나는 산후 우울증까지 더해져 거의 매일 울다시피 했다. 아이를 돌보는 와중에도 살아갈 이유를 찾지 못했고 모든 것에 의욕이 없었다. 그래도 아이들을 생각하며 꽤 오랜 세월을 버텼다. 그 당시에는 정신과를 방문한 적이 없었고 치료받는 상태가 아니었기 때문에 당연히 증상이 나아지지 않았다. 그렇게 출산한 지 7년 정도의 시간이 지났을 무렵부터 심한 공황발작에 시달렸고 그 고통을 잊기 위해 대부분에 시간을 잠으로 버텼다.

잠을 자게 되면 모든 고통을 잊을 수 있었기에 나는 약과 잠에 의존하는 시간으로 하루를 보냈다. 차라리 그게 구원 같았던 시절이었다.

그 시기가 나에겐 무기력이 심하게 찾아온 시기였으리라 생각된다. 최근에도 몇 달을 잠만 자는 시간을 보냈다. 잠만 자다 보니 끼니도 제대로 챙기지 못해 체중이 감량되었고 얼굴은 잠에 취해 퀭해 보였다. 아이들은 식사를 챙겨주는 시간 외엔 거의 방치상태였다. 지금 생각해도 가슴 아픈 기억이다. 무기력은 의지대로 되지 않는다. 그 당시 지인들은 한 마디씩 걱정하는 말을 건넸지만 한 귀로 흘러나가는 얘기일 뿐 나는 극복할 의지도 제대로 된 사고를 할 수 있는 상태도 아니었다.

우리는 살면서 무기력에 자주 빠진다. 무기력감은 우울증에도 속하며 번아웃 증후군에도 속하기 때문에 사람들은 자신이 명확히 어떠한 상태인지 알지 못한다. 아무것도 하기 싫은 상태가 지속되면서 불안하고 스트레스를 받는 번아웃 증후군 Burnout syndrome은 우울증과 혼동할 수 있는데, 우울증을 번아웃 상태로 오인하여 우울증에 실제 필요한 약물치료, 심리치료 등을 하지 못한 채, 번아웃 증후군에서 권장되는 충분한 휴식기만 갖게 된다면 무력감이 더해져 더욱 심각한 문제가 야기될 수 있다. 우울증과 번아웃의 비슷한 증상으로는 우울함, 인생이 의미가 없는 느낌, 비관적인 사고, 불면(또는 과수면), 식욕부진(또는 식욕 과다), 신경성 두통 등이다. 이러한 증상이 2주 이상 지속되면 우울증으로 진단한다고 한다.

우울증 환자는 자신이 우울증인 것을 알지 못한 채 지내기도 하며 일상생활에서 자신의 기분 문제에 관해서 호소하는 행동도 보이지 않는다. 일부 우울증 환자는 신체 증상을 겪기도 하는데, 내과적 검사만 시행하여 원인이 나오지 않는 경우가 많아 우울증 진단과 치료가 늦어지기도 한다. 위의 증상들이 2주 이상 지속된다면 꼭 전문가와 상담받아보기를 권한다.

그럼 이렇게 우리를 괴롭히는 무기력의 원인은 무엇일까? 한 가지로 정의할 순 없지만 학습된 무기력을 빼놓을 수 없다. 심리학 용어로, 피하거나 극복할 수 없는 부정적인 상황에 지속적으로 노출되면서 어떠한 시도나 노력도 결과를 바꿀 수 없다고 여기고 무기력해지는 현상을 말한다. 1957년 리치터 Richter는 들쥐를 대상으로 이를 실험하였다. 따뜻한 물이 담긴 통에 야생 들쥐들을 풀어놓고 60시간 수영하게 하였다. 그러던 중 처음 몇 분 동안엔 열심히 헤엄치다가 다른 쥐들에 비해 금방 익사한 쥐들에서 공통점을 발견하였다. 그 쥐들은 물통으로 옮겨지는 과정에서 리치터의 손에서 벗어나기 위해 안간힘을 썼지만 풀려나지 못했던 경험을 한 쥐들이었다. 이를 통해 그는 벗어날 수 없는 자극에 노출될 때 그 상황을 통제하기 불가능하다고 느낀 쥐들이 헤엄치기를 금방 포기하게 된 것이라고 주장했다. 사람에게도 이 학습된 무기력은 똑같이 보인다고 한다. 일단 실패가 학습되고 나면 '다음에도 또 실패하지 않을까?' 하는 두려움 때문에 실패를 당연시하며 살아갈 확률이 높다. 그렇기에 우리는 학습된 무기력을 경계하는 방법을 찾아야 한다.

나 또한 학습된 무기력을 겪으며 살아왔다. 무언가를 시도하려는 자체만으로도 힘이 들었고 그 시도가 무너져 버리면 나 자신을 자책하기 바빴다. 시도한 일이 나에게 버거운 일임을 인지하지 못했다. 목표를 수정할 생각은 하지 않고 '내가 항상 그렇지.', '나는 항상 실패만 하는 사람이니까.'라는 부정적인 생각에 빠지게 되었다. 이런 경험들이 반복되어 갈수록 점점 더 내가 목표한 것에 한 걸음조차도 다가갈 수 없다는 두려움에 시도조차 하지 못하는 상황이 반복되었다.

우리는 여기서 분명히 알아야 할 것이 있다. 우린 다만 실패할 목표를 세웠기 때문에 실패한 것뿐이다. 목표를 세우고 달성하는 게 우리에게 목적이 되어선 안 된다. 과한 목표를 세우고 그것이 우리에게 실패 경험을 반복시킨다면 우리는 '목표를 이룰 수 없는 사람'이라는 꼬리표를 스스로 달게 되는 악순환의 고리를 끊지 못할 것이다. 무기력을 극복해 나갈 때 도움이 되는 방법에는 어떤 게 있을까?

실천하기 만만한 작은 목표 세우기

많은 자기 계발서와 동기부여 영상들은 계획을 세우고, 노력하지 않으면 도태될 수밖에 없는 현실에 대해 말해 준다. 우리가 그것을 모르는 건 아니다. 나는 큰 목표를 세워놓고 시작하는 지점에서 지쳐버리는 경우가 항상 발생했다. 그것만큼 내가 한심해 보이는 순간도 없다. 마음이 이렇게 지쳐 있는 상태에선 그 어떤 것도 나를 쉽사리 일으킬 수 없다. 그럴 땐 실천하기 아주 만만해 보이는 작은 목표를 세워보는 방법이 도움이 되었다.

하루에 한 번 5-10분이라도 내 공간을 청소해 보기, 책 한 장이라도 읽기, 블로그에 몇 줄이라도 글쓰기, 가까운 카페에서 커피 한잔을 마시며 쉬기 등 목표는 아주 사소한 것에서 시작하는 게 좋다. 이게 무슨 목표냐며 되물을 수도 있다. 하지만 무기력을 겪는 사람은 정말 밥을 먹는 것, 씻는 것조차 매우 괴로운 일이다. 내 경험상 그날 하루 사소하고 작은 만만한 목표를 정해서 실천해 보는 것만큼 도움을 준 건 없었다. 이러한 만만한 성공은 성취감을 불러일으켜 하루를 보내기에 아주 좋은 동기부여가 된다. 오늘 하루, 피식 웃음이 나올 정도로 작은 할 일을 만들어 실행해 보는 건 어떨까?

셀프 토크 & 셀프 칭찬

우리는 무기력이라는 감정에 대해 거부감을 가지고 있다. 당연한 일이다. 우리를 괴롭히는 이 감정에 우린 지칠 대로 지친 상태이다. 옆에 있는 가족과 지인들까지도 '아무것도 안 하면 안 돼. 산책이라도 해 봐. 뭐라도 시작해보는 건 어때?'라고 말하며 당사자를 닦달한다.

하지만 그저 잔소리로 들릴 뿐이다. 어쩔 수 없는 무기력감 역시 인간이 느끼는 당연한 감정 중 하나임을 받아들여야 한다. 이렇게 조금이라도 나의 감정을 돌보고 싶다는 생각을 한 상태라면, 자신과의 대화와 칭찬하기를 추천한다. 자신에게 말을 거는 셀프 토크는 부정적인 자기 암시로 얼룩진 자신을 치유하는 아주 좋은 방법이다.

자신을 자책하던 마음을 흘려보내고 '네가 하고 싶지 않다면 그만두어도 돼.', '넌 지금 이대로도 충분히 괜찮은 사람이야.' 나에게 긍정적 메시지를 스스로가 던져주는 것이다. 나를 다독여 줌으로써 아무것도 하지 않아도 된다는 것을 인정하고 스스로 받아들이는 시간을 갖자. 내가 잘했던 일을 칭찬하고, 미래를 위한 나의 노력에 칭찬하자. 셀프 토크와 셀프 칭찬으로 그동안 내가 짊어졌던 무거운 짐과 죄책감을 내려놓을 수 있다.

매일 글쓰기의 힘

무엇부터 해야 할지 갈피를 못 잡는 사람들이 많다. 그럴 때는 아무런 비용도 들지 않고 힘도 들지 않는 이 방법은 어떨까? 매일 딱 한 줄이라도 손 글씨, 노트북을 활용하여 글을 써보자. 나는 글을 쓰는 방법으로 우울증과 무기력을 극복하고 있다. 처음부터 크게 뭔가를 써보려는 장황한 목표는 세우지 않는 것이 좋다. 딱 한 줄이라도 좋으니 하루의 일과, 자신의 감정, 오늘 읽은 한 장의 책에서 나온 감명 깊은 구절 등을 써보는 건 자신을 되돌아보는 계기가 되어주고 마음을 울리는 명언도 가슴에 새길 수 있다. 욕심내지 않고 편안한 마음으로 한 줄만 써보는 거다. 당신의 가슴속에서 열정이란 작은 씨앗이 생겨날 좋은 기회가 되어주리라 믿는다.

무기력은 자신을 보호하기 위한 생존본능이다. 그러니 이제 우리는 그동안 나 자신에게 쏟아부었던 자기혐오, 자책, 실패감에서 해방되어야 한다. 우리의 감정을 받아들이고 나를 보호하고 싶다는 지극히 정상적인 이 감정을 수용해보자.

결국, 집을 나가다

· · ·

우리 부부는 연애 시절부터 사이가 좋은 연인은 아니었다. 서로 너무 다른 성격 탓에 자주 다퉜고 매번 헤어짐을 결심했다. 하지만 어떤 이유에선지 이 사람과는 이별을 결정할 수가 없었다. 그렇게 우린 부부가 되었다. 혼전임신을 했기에 신혼을 건너뛰고 엄마와 아빠라는 또 다른 이름표를 달았다. 항상 바쁜 업무로 나에게 관심은 물론 애정은 꿈도 꾸지 못할 남편과 살아보니 새장 안 새가 된 기분이었다.

그렇게 결혼생활 십 년 동안 이혼하자는 이야기를 입에 달고 살던 나는 더 이상 우리에게 희망은 없다며 남편에게 이혼 서류를 내밀었다. 귀에 딱지가 앉도록 듣던 말이라 해도 막상 상황이 닥치니 남편은 당황한 듯 보였다. 자신은 우리가 불행한 상황이라고 생각해 본 적이 없다고 했다. 지금도 충분히 행복하다는 남편의 말에 나는 헛웃음이 나왔다. 각자가 느끼는 감정이 이렇게나 다르다니 내 머리로는 이해할 수 없었다. 그렇게 우린 이혼 문제로 다툼이 일과가 되었다. 남편은 절대 이혼만은 할 수 없다고 주장했고 나는 죽어도 같이 못 산다며 서로의 고집을 굽히지 않았다.

이러한 불행한 하루가 끊임없이 되풀이되니 이 모든 것이 끝이 보이지 않음에 나는 더 무기력 해져갔다. 나는 아내, 엄마의 역할에 진저리가 났고 나의 삶을 살고 싶었다. 결혼이라는 제도가 앗아간 나를 되찾고 싶었다. 결혼생활은 나를 잃고 스스로 내 삶의 주인이 되지 못했던 시간이었다.

사랑하는 마음과 행복해지고 싶다는 마음에서 한 결혼은 삶의 모든 부분을 다른 이에게 넘겨준다는 걸 의미했다. 어떻게든 나를 지켜주리라 믿었던 남편은 결혼식이 끝남과 동시에 사라졌다. 우린 마치 어딘가 고장 난 사람 같았다. 서로의 성격 차이에 대해 누구 하나 먼저 노력해 볼 시도조차 하지 않은 채 삐걱거리는 생활을 이어갔다. 우린 부부였지만 결혼생활에 나는 없었다.

나는 벌판에 홀로 서서 길을 찾아 헤매고 있었다. 내 삶을 찾기 위해 아이들을 남편에게 떠넘기고 무작정 집을 나갔다. 고시원과 월세방을 전전하며 그렇게 바라 왔던 혼자만의 생활을 시작했다. 행복할 줄 알았던 나의 첫 독립은 나를 더 고립시켰다. 꽉 막힌 고시원과 쾌쾌한 반지하 월세방에서 혼자 수면제에 취해 누워만 있었다. 가출은 그저 남편을 향한 반항이었다. 그때 심정은 '이렇게까지 하는데 이혼을 안 해주겠어?'라는 못된 심보였다. 아이들이 그립고 보고 싶을 땐 매일 울면서 이 행동이 정말 모두를 위한 길인지 생각하고 또 생각했다. 그렇게 잦은 가출이 이어졌음에도 남편은 뜻을 굽히지 않았다. 나를 그저 묵묵히 기다려주었다. 절대 자신의 인생에 이혼은 없으리라는 의지 또한 대단했다.

아이들 없인 살아갈 수 없다는 걸 깨달은 어느 날, 다시 집으로 돌아오게 되었다. 나에겐 모든 게 남편 탓이었다. 싸울 때마다 우울증 악화 원인을 남편에게 돌렸다.

"당신 만나서 내가 이렇게 인생을 망쳤어!! 가만히 있는 사람 결혼하게 만들어서는 정신병자로 만들고 당신은 아주 편하지? 당신 안 만났으면 내가 이렇게 애를 낳아서 우울증이 심해지고 매일 죽고 싶은 삶을 살지도 않았을 거야. 당신은 나한테 잘하려고 한 적이 있긴 해? 맨날 일 때문에 집에 없고 나한텐 관심조차 준 적 없잖아. 나는 당신이랑 결혼해서 일까지 못 하고 맨날 애 뒤치다꺼리나 하면서 우는데 이게 사람 사는 거야?"

나는 유독 남편에게만 감정적으로 돌변했고 폭력적으로 변해갔다. 연애할 때는 내 목숨까지도 걸 만큼 열렬하게 사랑하지만, 결혼하면 상대방을 죽일 수도 있는 관계가 부부다. 나는 정말 죽일 듯이 남편을 욕했고 습관적으로 모든 것을 그의 탓으로 몰았다. 나에게 이 모든 괴로움에 대한 잘못을 빌기만을 바랐다. 이러한 전쟁 같은 나날들이 반복될수록 가정은 순식간에 지옥이란 나락으로 떨어져 갔다. 아무도 모른다고 생각했다. 내가 제일 힘들고 불쌍해 보였다. 여자가 결혼해 아내, 엄마로서만 사는 게 왜 우울증을 유발하는지 아무에게도 이해받지 못한다는 생각이 들 땐 철저히 혼자가 된 기분이었다.

아무도 내게 희생을 강요하지 않았음에도 오로지 내가 사랑받지 못하며 컸다는 이유만으로 내 안에는 엄마로서의 희생이 필수 요건으로 들어앉아 있었다. 필요하지 않은 희생에 스스로 뛰어들었다. 내 선택이었다는 걸 인지하지 못한 채 남 탓으로 모든 걸 회피했다. 더는 이렇게 살 수 없었다. 잃어버린 나를, 사라져 버린 내 삶을 회복해야 했다. 회복은 훨씬 더 많은 시간을 요구했다. 내가 이혼을 요구하는 것에 남편의 생각은 중요하지 않았다. 나의 결심을 행동으로 옮기고 그저 나 하나만 살면 된다고 생각했다.

나에겐 그러한 행위가 곧 살고자 하는 마지막 발악이었고 삶을 포기하지 않으려 부여잡은 생명줄이었다. 내 가출을 포함한 갖은 모욕에도 불구하고 남편은 자신의 주장을 굽히지 않았다. 시간이 흐를수록 나는 이 모든 상황을 견디지 못하고 포기하기에 이르렀다. 그건 분명 인정이 아닌 포기였다. 우린 한집에 살고 있지만 서로 다른 세상에 살았다. 필요한 대화만 메신저로 할 뿐 두 사람에 관한 대화 자체를 해본 기억이 없다. 사는 게 사는 게 아니니 어디 하나 터놓고 기댈 곳조차 없었다.

살기 위해 책을 집어 들었다. 책을 읽으면 몰입할 수 있었고 몰입의 순간만큼은 괴로움을 잊을 수 있었다. 나는 좀 더 차분해졌다. 글을 쓰고 책을 읽으며 내 감정은 변화하고 있었다. 내 감정은 나의 것이다. 상대가 나를 괴롭히는 것 같지만 내가 나를 괴롭히는 것이다. 내 감정을 돌볼 줄 알아야 상대의 감정도 돌볼 수 있게 된다. 부부로 가는 길의 첫 번째 노력은 자신에게 최선을 다하는 것이다. 자신의 마음에 여유가 있을 때 상대를 보듬을 수 있는 풍요로운 마음이 생긴다.

나는 싸울 때면 '꼭 말로 해야만 알아?'라는 말을 되풀이했다. 굳이 일일이 설명하고 싶지 않았고 척하면 척하고 알아채야 정상이라고 혼자 결론을 미리 내고 있었다. 내 생각은 심각한 착각이었다. 심지어 자기 자신조차 모를 때가 많지 않은가. 오랫동안 같이 살아도 서로에 대해 모르는 사람들이 많다. 말하지 않아도 알아주리란 기대와 착각은 분노를 유발할 뿐이다. 우리 부부 문제의 원인은 서로가 자신을 잘 모르는 곳에서부터 시작되었다고 생각한다. 많은 시간을 내가 누구인지 모르고 살아왔다. 내 생각과 감정, 무엇을 원하면서 살아가는지조차도 몰랐다. 내겐 내가 원하고 느끼는 것에 귀 기울일 시간이 필요했다. 내가 나를 소중하게 여겨야만 남편도 나를 소중하게 대한다. 남편에게 대접받고 싶은 만큼 나도 그를 대접해줘야 한다. 정확하게 감정을 표현하는 행동 또한 상대가 나에게 실천할 기회를 주는 것이다. 사랑은 말이 아닌 행동으로 나온다. 올바른 감정표현은 관계에 매우 중요하다.

싸울 때마다 미처 풀지 못한 감정과 불만들은 제대로 표출되지 못한 채 각자의 마음속에 쌓여 간다. 이러한 방향으로 부부관계가 치닫게 되면 서로의 관계는 개선의 여지가 없어 보인다. 감정은 표현되어야 한다. 표현하지 못해 쌓인 감정은 통제되지 않고 갑자기 터져버려 서로에게 크나큰 상처를 남긴다. 내 감정을 정확하게 알아차리는 것, 이것이 부부에게 가장 핵심이 되는 해결책이 아닐까. 내 마음에 불편한 감정이 들어오면 잠시 나를 멈추어 세워야 한다. 그리고 내 감정을 관찰하고 알아차려야 한다.

이혼을 결심한 그날로부터 벌써 몇 해가 지났다. 우린 여전히 한집에 살고 있다. 서로가 다르다는 사실을 인정하고 관계를 개선하기 위해 노력 중이다. 죽일 듯이 싸워왔던 지난날들이 무색할 정도로 사람의 감정은 변한다. 그 변화에 많은 영향을 준 수단은 너무도 단순하지만 명확한 대화이다. 매일은 아니지만 소소하게 서로의 일과를 이야기하고 그때그때 느꼈던 감정을 대화로 알아가는 시도를 하고 있다. 그 순간엔 말 못 했던 이야기도 분노의 감정이 사그라들고 나면 다시 차분하게 서로 서운했던 부분에 대해 이야길 나눈다.

인생의 모든 가치 있는 일이 그러하듯 행복한 부부로 살아가는 길은 절대 저절로 오지 않는다. 오늘부터라도 지금 내 곁에 있는 나의 동반자, 내 배우자의 존재에 대해 깊이 생각해보는 시간을 가져 보는 건 어떨까? 나는 과연 내가 대접받길 원하는 만큼 배우자에게 대접하는 마음을 가져 보았는지 말이다. 지금도 늦지 않았다. 부부관계를 포기하고 싶지 않다면 길은 열려있다. 십 년을 부부 싸움을 해온 우리 부부도 변하고 있지 않은가. 내가 변하지 않으면 상대도 변하지 않는다는 중요한 사실을 기억한다면 분명 관계 개선에 많은 도움이 될 것이다.

네가 미워, 하지만 날 떠나지 마

· · ·

나의 결혼 전 연애 경험들엔 아픈 상처가 많다. 경계선 성격장애를 앓고 있는 사람들은 충동 조절이 쉽지 않다. 특징 중엔 부주의한 과소비 또는 운전, 문란한 성관계, 과식 등이 있는데 충동 조절이 되지 않기 때문에 자신을 통제하기 어려워 나오는 문제 행동이다. 자신에 대한 자아가 불안정하므로 그 불안 요소들을 외부에서 찾는다. 특히 애정을 갖는 연인에겐 모든 걸 오픈해서 행동하므로 자신의 안에 있는 여러 부분을 전부 보여주는 편이다. (나의 경험에 의한 이야기이므로 경계선 성격장애 환자들이 모두 그렇다는 건 아니다.)

연애 대상이 생기면 상대방을 끊임없이 시험하려 들었다. 나를 사랑하는지 불안했고 확인받기 위한 수단으로 여러 방법을 사용했다.

그 종착지는 이별 통보와 자해였다. 대부분 이별 통보를 들으면 한 번쯤 진심인지 묻곤 했다. 나는 진심이라고 대답했고 그렇게 이별이란 수단을 놓치게 된다. 매번 사랑을 확인하기 위해 이 방법을 저질러 놓고 오히려 비련의 여주인공의 된 것처럼 다시 매달리고 헤어지고를 반복하는 건강하지 못한 연애를 했다.

이별을 얘기하고는 자해 사진을 보내는 이상행동으로 '나 지금 고통스러워서 죽어버릴 거라니까!', '이건 다 날 떠난 네 탓이야.'라며 고통을 상대의 탓으로 몰고 갔다. 그 당시엔 내 괴로움과 고통이 가장 크게 느껴졌기 때문이다. 그 모든 것에 '날 사랑하지 않고 떠나 버린 네가 날 죽이는 것'이라는 협박을 동반했다. 사랑에 너무 목말라 있었다. 사무치도록 외로웠고 공허했다. 오로지 매력 있는 대상으로 봐주는 눈빛만이 내가 살아 있다고 느낄 수 있는 탈출구였다. 하지만 그렇게 미친 듯이 발버둥 쳐도 그들을 잃게 되었고 나는 결국 혼자 남았다.

미국의 한 정신과 의사는 경계선 성격장애를 앓고 있는 사람을 '우주복을 입고 있는 사람'에 비유했다. 우주복은 느껴지지 않을 정도의 두께를 가진 방패 막 같은 수단이다. 그 우주복 안에는 환자 자신이 지금까지 쌓아온 수치심과 낮은 자존감이 들어 있는 것이다. 외부에서 환자를 도우려고 우주복을 벗겨주려 시도해도, 우주복을 벗기는 것은 쉽지 않다. 거의 불가능하다고 보아야 한다. 이 성격장애는 외부에서 자신에 내면을 끄집어내려는 행위에 필요성을 느끼지 못한다. 손길과 사랑만으로는 치료될 수 없는 질환이기 때문이다.

하지만 사랑만으로 치료될 수 없는 질환이라 해도 치료하는 데 있어서 사랑은 매우 중요한 역할이 되어준다. 이 우주복에서 나올 수 있길 바란다면 사랑의 손길을 뿌리치지 않아야 한다. 경계선 성격장애 환자들은 자해를 다른 사람을 조종하기 위한 수단으로 이용하기도 한다는 견해가 있다. 보통은 자신이 느끼는 감정 상태가 스스로 감당할 수 없을 정도로 괴롭고 감정에 압도당한 상태이기 때문에 그 고통에서부터 벗어남과 동시에 자신을 조절하는 방법으로 자해를 선택한다.

자살이 목적이 아닌 이러한 이유에서의 자해는 비자살적 자해(Non-suicidal Self-Injury, NSSI)라고 부른다. 자해의 원인은 다양한데, 다른 사람의 관심을 끌거나 자신의 절망이나 무가치감을 표현하기 위해 또는 우울증이나 정신적인 문제 등의 경우가 있다. 나는 남에게 피해를 주지 않으면서 스트레스나 아픈 마음을 푸는 방식으로 자해를 습관적으로 했다. 답답한 마음을 해소하고 살아있다는 느낌을 받기에 가장 최적화된 수단으로 자해가 강력했기 때문이다. 이러한 자해가 건강하게 소통하는 방식이 아니며 나를 사랑하는 표현은 더더욱 아니라는 사실을 정확히 알고 있었다. 하지만 습관적으로 시작된 자해는 멈추기 힘들었고 매일 밤 자해 충동을 참느라 오랜 시간 싸워야 했다.

술을 먹는 날이면 감정이 더 격해졌고 남편이 제지할지도 모른다는 두려움에 남편 몰래 자해하게 되는 지경까지 이르게 되었다. 다음날이면 빨갛게 부어오른 팔에 붕대를 칭칭 감고 돌아다녀야 했다. 아팠다. 다신 하지 않겠다는 다짐도 여러 번 했다. 이 행위를 끊기 위해선 온 힘을 다해야 했고 나라는 사람은 그게 안 되는 사람이었다. 나는 완벽하게 나를 포기했다.

우리도 알고 있지 않나 이러한 자해 행위를 해도 우리는 자살의 의도가 없고 죽음에 이르지 않는다는 것을. 자신에게 벌을 주고 싶은가? 고통스러운 생각과 감정에서 벗어나고 싶은가? 경험해보았고 주변에서 지켜본 적도 있지만 이 방법은 매우 일시적이다. 우리의 감정이 제어되기 어렵다는 것은 안다. 하지만 일시적인 이 방법으로 자신에게 상처를 입히는 건 이득이 너무도 적다. 잠깐의 벗어남의 주는 해방감으로 소중한 나의 몸에 상처를 입히는 일은 가슴 아픈 일이다. 자해 외에도 다양한 방법들이 있다. 우리는 부정적인 감정에 사로잡혔을 때 건강하게 문제를 해결하는 방법을 제대로 알지 못해 나름의 해결책으로 자해를 선택한 것이다. 감정을 다스리는데 필요한 기술이 부족할 뿐이다. 하지만 자해 후 밀려오는 후회와 자괴감은 또다시 마음을 아프게 한다. 더 이상 해결책으로 몸에 상처를 내는 행위는 하지 않기를. 자신을 사랑하고 지키려는 노력, 그리고 끝까지 포기하지 않는 여러분이 될 수 있기를 간절히 바란다.

주변에 자해를 선택한 지인 혹은 자녀, 가족이 있다면 이 사실을 기억해 주었으면 한다. 자해하는 사람은 나쁜 사람이 아니다. 그들은 그저 고통스럽다고 '저 좀 살려주세요.'라고 외치는 더 많은 인정이 필요한 아픈 사람 중 한 사람일 뿐이다. 그들의 감정과 생각을 인정해주자. 자해 행위에 초점을 두지 말고 왜 그러한 행동을 하게 되었는가에 관한 이유를 경청해주고 공감해 주는 것이 많은 도움을 줄 것이다. 당신은 사랑받을만한 충분한 존재이다. 더 이상 마음의 상처가 몸에 상처까지 되지 않길 바란다. 우리에게 사랑하고 사랑받을 순간은 언제든 존재한다.

그래도 나는 엄마다

· · ·

지금의 남편을 만나 딱 일 년의 연애 끝에 결혼했다. 혼전임신으로 결혼 당시 뱃속엔 이미 첫째 아이가 자라고 있었다. 임신기간엔 유산기로 고생하더니 출산하고 나니 이건 정말 말 그대로 '헬 육아'였고 처음으로 내 인생에 들이닥친 육아는 절대 만만한 것이 아니었다. 아이는 너무 예쁘고 사랑스러웠지만 고된 하루하루에 심신은 지쳐갔다. 그 당시 남편은 매일 늦어지는 업무로 새벽에 퇴근해서 겨우 아침에나 얼굴을 보는 생활이었다. 얼마나 외로웠는지 지금도 그 시절을 떠올리면 울컥 눈물이 나온다.

사회생활을 할 땐 나도 열심히 일하고 사람을 만나며 시끌벅적한 삶을 살았는데 아이를 키우다 보니 매일 집에서 아이만 돌보는 내 모습에 혼자만 사회와 동떨어진 느낌이 들었다. 그래도 첫애만 키울 땐 우울증이 이 정도로 심각하진 않았다. '행복해야지, 행복해야지, 아이를 위해서라도 행복해야 해.' 매일 그렇게 나 자신에게 주문을 걸었다. 아이를 위해 억지로라도 행복해지려고 노력해야만 했다. 나는 가족들과 행복하게 살아보지 못했고 그 결과로 이렇게 불행한 사람으로 살아간다는 생각에 아이에게 다정한 엄마, 사랑을 주는 엄마가 되려고 무던히도 노력했다. 그러던 중 둘째를 임신했고 출산과 함께 또 다른 육아가 시작되었다.

이번 산후 우울증은 정도가 달라도 너무 달랐다. 시댁, 친정 어디 한 곳도 도움을 줄 곳이 없었기에 어린이집에 다니지 않는 첫째를 안고 이제 막 태어난 아이를 데리고 병원에서 집으로 퇴원했다. 퇴원 후 조리할 틈도 없이 바로 육아 전쟁터로 끌려 들어갔다. 그때부터 밤마다 우는 날의 연속이었다. 힘들면 힘들다고 어디에 터놓는 성격도 못 되는 나는 야간근무를 하는 남편에게 매일 죽고 싶다고 메신저를 보냈다. 오는 답장엔 그저 영혼 없어 보이는 대답이 전부였다. 남편에게 느끼는 서운함과 온갖 서러움들이 쌓이면서 항상 신경질적인 아내가 되었고 아이들에겐 감정이 극과 극을 오가는 모습을 보이는 엄마가 되었다.

삶은 내 뜻대로 돌아가지 않고 육아는 힘들고 고되기만 했다. 정신력이 바닥을 치게 되니 아이들에게 소리를 지르는 날들이 많아졌다. 화를 낸 날이면 아이를 부둥켜안고 미안하다며 우는 철없고 부족한 엄마의 모습을 보였다. 지금 생각해도 아이들에게 너무 미안한 날들이다. 밤만 되면 아이들을 보며 반성했다. '나는 제대로 된 엄마가 맞나?', '내 정신이 어딘가 이상한 건 아닐까?', '결혼하고 아이를 낳은 게 정말 후회가 돼.' 내 안의 아직 어른이 되지 못한 내가 매일 중얼거렸다. '넌 엄마 자격 따위 없어.'

사회는 여성들에게 좋은 아내와 좋은 엄마가 되기를 끊임없이 강요한다. 어떻게 해야 그 틀 안에 들 수 있는지를 자신들이 규정짓는다. 사회의 기대에 미치지 못하면 나쁜 엄마로 낙인찍히며 타인은 물론 스스로 자신을 실패한 사람으로 여기게 된다. 엄마들은 그 기대에 부응이라도 하듯 한없이 헌신하고 아이에게 모든 초점을 맞추며 자신도 사람이며 자신의 인생을 살아갈 권리가 있다는 것조차 잊어버린다. 나 또한 그랬다. 내가 불행한 어린 시절을 보내왔기에 사랑으로 키우고 싶다고 생각했지만, 아이를 키우면서 그렇게 남의 눈치가 보였다. '내 이런 부족한 모습을 보면 사람들이 뭐라고 할까?' 애 키우면서 뭐 그렇게 대단한 일을 한다고 매일 죽는소릴 하냐고 나를 욕할 것만 같았다. 산후 우울증을 겪는 내가 유난이라도 떠는 사람 같이 느껴져 어디에 말하는 것조차 조심스러웠다. 결혼과 출산을 후회한다고 얘기해봤자 이해받을 수 없다고 생각했다. 이해받을 수 없다는 생각에 갇히고 나니 혼자서 끙끙 앓는 것 말곤 할 수 있는 게 없었다.

산후 우울증을 겪는 엄마의 일부는 자신을 나쁜 엄마라고 느낀다. 자신의 감정을 인정하고 충분히 일어날 수 있는 일이라고 생각할 수 없기 때문이다. 모성애의 부족, 아이를 키우면서 겪는 우울증은 사회에서 지탄받아야 마땅한 일이라는 생각이 내면에 깔려 있다. 엄마가 된 것을 후회하는 여성들은 무조건 잘못된 걸까? 엄마의 삶에 후회란 있을 수 없다는 보편적인 생각 탓에 여성들은 자신의 후회에 대해 부정적인 감정만을 갖게 된다. 나는 결혼과 임신 그리고 출산을 후회하며 살았다. 그런 나의 감정을 부정하고 싶었지만 부정할 수도 받아들일 수도 없었다. 후회는 삶의 모든 부분에서 나타날 수 있다. 그럼에도 왜 엄마가 된 것을 후회하는 것은 이해할 수 없는 감정이 되어버린 걸까? 엄마가 된 것은 후회해도 아이들의 존재 자체를 후회하는 건 아니다.

아이들의 삶과 엄마로서 삶을 다르게 구분하기 때문이다. 여성들은 엄마가 되면 더 나은 인생이 펼쳐질 것 같은 꿈을 꾸기도 한다. 사랑하는 사람과 나의 아이와 행복하기만 한 삶을 말이다. 하지만 현실은 녹록지 않다. 육아 스트레스로 인한 부부간의 갈등은 우리가 생각하는 것보다 심각하다. 그것이 현실적인 결혼의 모습이 아닐까.

후회가 아이들을 사랑하는 마음을 부정할 수는 없다. 사랑해도 후회할 수 있고 후회한다고 사랑하지 않는 건 아니다. 나는 나쁜 엄마로 낙인찍히는 것이 더 이상 두렵지 않다. 사실과 다른 시선으로 스스로 자책하고 싶지 않다. 다만, 이젠 그러한 나의 감정을 있는 그대로 인정하려고 한다. 태어나 처음 해보는 일에 어떻게 완벽할 수 있을까? 엄마는 처음이니까, 엄마 역시도 엄마로서 해야 하는 일에 충분히 서툴 수 있으며 실수하는 과정에서 배워나가는 한 사람일 뿐이다. 아이들이 나의 사랑을 받으며 자라듯, 나 또한 아이들에게 사랑받으며 성장해가고 있다.

부족함이 많은 엄마이지만 아이들의 눈엔 자신의 엄마이기에 아주 커다란 존재로 보인다. 앞으로의 삶은 완벽한 엄마가 아닌 행복한 엄마로 살아가고 싶다. 당신은 엄마이기 이전에 그 누구와도 비교될 수 없는 행복한 삶을 살 권리가 있는 여성이라는 걸 잊지 않기를 바란다. 처음으로 엄마라는 역할을 갖게 된 이 세상 모든 엄마에게 온 마음을 담아 응원의 말을 전한다.

죽지 않았더니 살고 싶어졌다

• • •

꽤 오랜 시간 우울증에 시달리고 나니 삶에 긍정적인 생각을 하는 것이 불가능했다. 매일 내 안에는 죽고 싶다는 외침만 있을 뿐이었다. 살아보자고 굳게 결심해봐도, 생활은 이내 나태해지길 반복했다. 삶은 누구에게나 버겁고 힘겨운 일이다. 내가 의도한 것과 다르게 돌아가는 게 삶이고 우린 그러한 굴레에서 벗어나기 힘든 것도 사실이다. 너무 지쳐갈 땐 그만 놓아버리고 싶은 생각이 들 때도 있다. 세상 모든 이들의 이야기가 슬프고 눈물 없인 들을 수 없듯, 난 내가 가장 서럽고 힘겨운 삶을 살고 있다고 남 탓, 세상 탓, 거기다 내 탓까지 더해져 온갖 탓은 다 하고 살았다. 불평불만으로 가득했던 그동안의 삶은 나를 일어설 수 없게 했다.

정신이 온전치 않으니 몸까지 아프기 시작했다. 일상생활을 할 수 없을 정도였다. 아이들은 매일 아파하는 엄마를 걱정했다. "엄마가 아파서 죽을까 봐 걱정이에요." 첫째 딸이 말했다. 그런 말을 들을 때마다 가슴이 아팠다. 이렇게 아픈 엄마라는 게 미안했다. 몸과 마음이 건강한 엄마가 되어주고 싶어 매일 아프지 않게 해달라고 기도했지만 나아질 기미는 보이지 않았다. 일상은 쳇바퀴 돌 듯 반복되었다. 그렇게 하루하루를 고통 속에서 보내던 중 남편과 이혼 문제로 심하게 다툰 날, 나는 심한 공황발작을 일으켰다.

좁은 자동차 안에서의 싸움은 나에게 스트레스를 극에 달하게 하는 상황이었고 이 일로 심한 공황장애를 지금까지도 겪고 있다. 사람들이 많은 공간에서나 상대방과 대화할 때는 물론 혼자 있는 시간까지도 발작을 일으켰다. 심하게 몇 시간 동안 숨을 쉴 수 없어 응급실에 간혹 실려 갈 때도 있었다. 공황장애는 스스로 이해하거나 통제할 수 있다는 자신감을 무너뜨렸다. 내 안에서 무슨 일이 일어나고 있는지 도무지 알 수 없었다. 나는 더욱 나만의 동굴 속으로 숨어 들어갔다. 병든 나는 고립되어 세상과 단절되었다. 내가 태어난 이유에 대해 원망하고 급기야 나를 낳은 어머니를 원망하기도 했다. 매일 죽고 싶다는 생각뿐이었지만 실제로 자살 시도를 해본 적은 없다. 자살 충동을 통제할 수 없어 정신병원 폐쇄병동에 입원한 적도 있지만 나는 자살을 시도할 배짱은 없었다.

여느 때와 마찬가지로 술을 한잔 마시고 옥상에서 멍하니 앉아 1층을 하염없이 바라보던 그날을 아직도 잊을 수 없다. 내가 저 바닥으로 뛰어들 수도 있겠다고 생각한 그날 처음으로 죽음에 대한 두려움을 느꼈다. 이렇게 살다가는 정말 죽을 수도 있겠다는 생각이 들었다. 위험한 순간이었다. 그날을 계기로 어떻게든 살아보자고 다짐했다.

책을 읽고 글을 쓰기 시작했다. 살고자 하는 마음을 품게 된 다른 사람으로 태어날 수 있었다. 부정적인 생각으로 가득했던 내 인생은 많이 변화하고 있다. 모든 괴로움은 글감이 되어주었고 글을 쓰면 내 마음의 상처는 눈 녹듯 녹았다. 모든 괴로움은 나의 영혼을 더 강하고 아름답게 만들어 주는 과정이 되었다. 이 모든 것은 우리가 이 세상을 살아가면서 거쳐야 할 단계이다. 당연히 건강을 온전하게 되찾기까지는 오랜 시간이 걸릴 수 있다. 자신의 경계를 넘어섰다고 해서 갑자기 모든 아픔과 상황이 발병 전으로 돌아갈 순 없다.

여러 일을 겪고 굽고 굽은 험난한 길을 돌아서 왔지만 지금 생각해 보니 행복에는 많은 것이 필요하지 않다는 걸 깨달았다. 불안들과 우울증을 불러일으킨 건 다름 아닌 내 머릿속의 해로운 생각과 사고방식이었다. '내 인생은 이미 돌이킬 수 없어.', '나 같은 사람은 살 가치도 없어.' 나는 항상 이런 위험한 생각을 가지고 있었다. 그렇기에 사람들과 있으면 불편했고 금방 불안하고 우울해졌다. 책을 읽고 글을 쓰기 시작하면서 그러한 사고를 냉정하게 바라보게 되었다. 엉망진

창이던 나의 과거, 상처, 내가 나를 바라보는 시각을 제대로 생각해보는 법을 배웠다.

아직도 시시때때로 내 감정은 오르락내리락 널뛰고 여전히 나는 울다가 웃다가 미친 사람처럼 위험해 보이기도 하지만 적어도 다른 사람이 내 인생을 어떻게 바라보는지가 중요하지 않은 온전한 나를 바라볼 수 있는 사람이 되어가고 있다. 완치가 어려울 수 있다는 생각에 때때로 축 늘어지는 기분이 들기도 한다. 그럼에도 '평생을 관리하며 살면 되지.'라는 생각을 할 수 있는 현재의 나는 그전보다는 조금 더 건강한 사람이 되었다. 이러한 마음 덕분에 조금은 더디지만 어렵게나마 나아갈 수 있다.

소크라테스는 대부분에 사람들은 자신이 무엇을, 왜 하고 있는지 자문하지 않은 채 마치 몽유병자처럼 살아가고 있으며 잘못된 믿음을 그대로 받아들인다면 병들고 말 것이라고 말한다. 이어 한 사람의 철학과 그 사람의 정신 밑 육체의 건강 사이에는 밀접한 관계가 있다고 주장한다. 과거에 무슨 일을 겪었든, 우리는 여전히 소중하고 사랑스러운 사람이다. 사람들은 대부분 이 진실을 망각하고 살아간다. 자신을 하찮게 여기는 생각에 얽매여 있으며 결핍된 자아를 충족하려고 타인에게 의존한다. 이러한 삶은 결코 행복해질 수 없다. 결핍은 외부에서 찾는 것이 아닌 내부에서 찾아야 하는 것이다. 인생의 가장 중요한 질문인 '나는 누구인가?'를 핵심과제로 삼아야 한다. 자기 안의 문제들을 들여다보는 것이 자기혐오에서 벗어나 행복으로 가는 첫걸음이 아닐까? 우리는 언제든지 괴로움과 슬픔, 자기혐오와 무가치감에 빠질 수 있다. 하지만 괴로움은 실재가 아니라 허상이다. 이러한 허상에 사로잡혀 벗어날 기회가 있다는 것도 전혀 생각하지 못한 채 소중한 오늘을 흘려보내고 있진 않은가? 우리에게 필요한 건 자기 안의 갈망을 그대로 인정하고 관찰하는 방법뿐이다. 내 마음속에서 부정적인 감정이 생겨나고 머무르다 점차 사그라들어 마침내 사라지게 되는 과정을 그저 지켜보아야 한다.

우리를 괴롭히는 왜곡된 생각은 모두 진실이 아니며 그것을 믿는 것은 선택이다. 우리는 상처받을지 말지에 대한 선택지에서 선택할 수 있는 주도권을 쥐고 있는 존재임을 잊지 말자. 인간이란 놀라울 만한 회복력을 가지고 있다. 자신을 하찮게 여기는 문제는 더 좋은 사람을 만나고, 더 나은 환경을 찾는다고 해서 해결되는 게 아니다. 스스로가 만든 허상 안에서 생긴 공허함은 그것으로 절대 채워질 수 없다. 당신을 이해하고 따뜻하게 안아 줄 수 있는 사람은 오직 자신뿐이다. 당신이 그토록 바라던 사랑을 줄 수 있는 사람, 당신의 손을 잡고 안아줄 수 있는 사람은 바로 당신 자신이라는 걸 너무 늦지 않게 깨닫길 바란다.

상상으로 꿈에 한 걸음 더

• • •

나는 상상을 믿지 못하는 사람이었다. 이 말은 내가 굉장히 부정적인 성향의 사람이라는 뜻이기도 하다. 간단한 예로 사람들은 로또가 되면 무엇을 하고 싶은지 상상해 본다고 한다. 나는 그런 얘길 들으면 일어날 수도 없는 일을 왜 상상하는지 한심했다. 상상하는 행위가 사람에게 어떠한 영향을 주는지 생각해 본 적도 없었다. 그런 나에게도 상상하게 되는 놀라운 일이 생겼고 이 일은 나를 많이 변화시켰다. 최근에 가장 많이 하는 상상은 작가가 되는 상상이다.

나의 책을 읽고 독자들이 울고 웃는 꿈같은 일을 하루에도 몇 번씩 상상한다. 글을 쓰고 있는 이 순간에도 상상 속에서 이 책이 완성되는 장면을 생생하게 상상해 본다. 나의 글이 절절하게 공감되고 단 한 사람이라도 따스한 위로를 받을 수 있는 그 순간을 상상하면 말로는 다 표현할 수 없을 만큼 행복해진다. 이 생각은 순수한 사랑으로 글에 대한 내 마음을 더욱 굳건하게 한다. 나는 상상만으로도 엄청난 성취감을 느끼며 모든 일이 이미 일어난 일인 듯 황홀해진다. 상상을 한다는 게 이렇게 대단한 힘을 가졌다는 사실에 놀라움을 금치 못했다.

이렇게 행복을 주는 상상이란 존재는 무엇일까? 실제로 경험하지 않은 현상이나 사물에 대하여 마음속으로 그려보는 행위를 상상이라고 한다. 지금까지 우리가 받은 최고의 선물은 상상이라고 해도 과언이 아니다. 우리의 내면에는 모든 소원을 바라고 또 이룰 수 있는 신비로운 존재인 상상이 있다. 우리는 내면에 위대한 힘을 지녔다.

모두가 남은 인생을 좀 더 행복하게, 나답게 살고 싶어 한다. 우리는 상상을 통해 그 어떤 일도 이루어 낼 수 있으며 그 도전은 당신의 인생을 바꾸어 줄 소중한 수단이다. 하지만 믿지도 않았고 실행해 보지도 않았으며 전혀 생각도 하지 않았던 걸 억지로 노력을 해본다는 건 어려운 일이다. 마음이라는 건 쉽게 바꿀 수 있는 것이 아니며 마음을 바꾸려면 실제로도 굉장한 노력이 필요하다.

상상은 오직 자기만의 것이다. 누구도 우리의 상상을 들여다볼 수 없고 우리에게 좋다고 생각하는 것을 강제로 집어넣을 수도 없다. 언제든 우리가 하고 싶은 대로 사용할 수 있는 이 멋진 선물을 하지 않을 이유가 있을까? 나는 불과 열 달 전까지만 해도 이제 막 블로그를 처음 개설해 짧은 서평을 오랜 시간에 걸려 올리던 사람이었다. 그땐 블로그가 성장하는 상상을 매일 해왔고 나의 상상대로 블로그는 점점 성장해갔다. 그 뒤로 전자책 강의를 들으며 전자책을 출간하는 나의 모습을 떠올렸다. 강의 내용을 토대로 개인적인 경험과 생각을 정리하는 작업을 하게 되었고 열심히 준비한 끝에 단기간에 전자책을 출간하기도 했다.

원래 사람이란 본능적으로 노력하는 걸 원하지 않는다. 멍하니 아무것도 하지 않으면서 막연히 상황이 잘 풀리기를 바란다거나 주위에 노력으로 성공을 이루어 낸 사람들을 쉽게 성공한 것처럼 판단하며 불평불만을 늘어놓곤 한다. 그러한 이유로 우리에겐 우리를 움직이게 할 동기부여가 있어야 한다. 그 동기부여란 목표라고 할 수 있다. 수동적인 마음인 '나는 그것을 해야만 한다.'라는 자세가 아니라 '나는 그것을 하고 싶다!' 혹은 '나는 그것을 해내고야 말 것이다!'라는 능동적인 자세가 필요하다. 그러한 자세가 곧 목표이다. 상상하는 것에도 요령이 있다. 반드시 이루고 싶은 미래를 명확하게 그려야 한다. 자신이 원하는 것이 무엇인지를 끊임없이 생각하고 질문해 보자. 최대한 매우 구체적이고 명확한 당신의 이상을 기술해 보는 것이 좋다.

명확한 목표가 없는 사람이 많다는 사실을 모르는 사람은 없을 것이다. 하루하루를 버텨낸다는 생각으로 기계적인 삶을 살아가며 그저 숨만 쉬는 텅 빈 사람으로 살아가는 게 너무도 익숙했다. 자신의 인생은 스스로 결정하고 만들어 나가야 한다. 꿈과 목표, 이루고자 하는 이상이 있어야 인생은 즐거우며 풍요롭고 행복하다. 이 상상으로 꿈에 한 걸음 더 다가가는 법은 반드시 마음속에 강한 믿음과 의지가 있어야 가능하다. 평상시에도 언제든 간절히 정한 목표, 미래상을 기술하고 이미지화하면 그것은 어느새 현실이 되는 놀라운 기적을 맛볼 수 있을 것이다. 이 방법을 시도해보고 싶다면 지금 당장 펜을 들고 목표를 글로 써보자.

최대한 명확하게 정확한 날짜를 기술하여 구체적으로 적는 것이 중요하다. 어중간한 표현은 전혀 동기부여가 되지 않는다. 어정쩡하게 세운 목표는 절대로 이루어지지 않는다. 무언가를 시작하기 위한 분명한 이유를 정해놓고 목표를 인지하는 것이 매우 중요하다. 자신이 하고자 하는 것과 철저한 자신의 이상을 가지고 있는 사람은 전속력으로 이상을 좇아 확실하게 이루고자 하는 바를 이룰 것이라고 믿는다.

혹시 상상만으로 모든 게 이루어지는 마법을 기대했는가? 이 상상법에는 자동으로 따라오는 옵션이 있다. 바로 실행력이다. 상상하는 것만큼이나 중요한 일이다. 상상력은 이 실행력이란 노력에 더욱 가속도를 붙여주는 방법이다. 하루아침에 마법을 부리는 요술램프가 아니라는 뜻이다. 아무런 목표도 없는 삶이 지루하고 사는 것이 너무 무료하다면 이 방법으로 당신의 인생이 행복에 조금 더 가까워질 수 있기를 소망해 본다.

PART.3

희망의 꽃이 피어날 때

어떠한 이유에서든 '망한 삶', '저주받은 삶'

'태어난 게 잘못인 삶'이란 없다.

모든 존재는 그 자체만으로도

한 인간으로서 존엄성을 지니고 있다.

인간의 삶이란 견디기 어려움을 견디고

희망할 수 없는 꿈을 희망하며

살아가는 일일지도 모른다.

고마워요, 손잡아줘서

. . .

　내가 글을 쓰게 된 계기는 아주 단순했다. 집에만 있는 주부인 나는 일상이 너무 지루했고 자괴감에 빠져있었다. 항상 성공에 목말라하며 열정이 가득했던 결혼 전의 나는 어디에도 없었다. 아이들이 어릴 땐 손이 많이 간다는 이유로 일을 다니지 못했다. 큰아이가 5살이 되던 해, 일을 구하기 시작했다. 아르바이트를 구하면 얼마 못 견디고 우울증과 공황발작으로 그만두는 게 다반사였고 일로 스트레스를 받으면 며칠을 앓아누웠다.

　일상생활조차 겨우 버티는 내가 선택할 수 있는 선택지는 없었다. 그저 하루를 죽지 못해 살아갔다. 그러던 어느 날, 전자책으로 부업을 할 수 있다는 강의를 보았다. 무엇에 홀린 건지 용돈이라도 벌어보자는 심정으로 결제 버튼을 누르게 된 일이 계기가 되어 글의 세계로 입문할 수 있었다. 강의를 열심히 들었다. '학교 다닐 때 이렇게 공부했으면 지금쯤 이러고 있지 않겠다!' 생각이 들 정도로 집중하는 나를 발견했다.

강사님이 입에서 나오는 말 한마디 한마디를 놓칠세라 타자로 노트 필기를 해가며 강의 그 자체를 노트에 담았다. 필사적으로 뛰어들어야겠다고 생각했다. 지금 떠올려 보니 눈을 초롱초롱하게 뜨고 열정적으로 공부했던 그 시간이 기억에 많이 남는다. 전자책을 만들기 전에 홍보를 할 수 있는 곳이 필요하다는 수업 내용에 바로 블로그를 개설했다. 가끔 상품을 검색할 때나 이용하던 블로그를 직접 개설하니 아는 게 하나도 없었다.

하지만 나에겐 부업을 해야 한다는 큰 사명이 이미 돌이킬 수 없을 정도로 커져 버린 상태였다. 모르면 공부하면 된다는 각오로 블로그 운영 방법을 공부하며 블로그를 키워내려고 의지를 불태웠다. 블로그를 막상 개설해 놓았는데 무엇을 올려야 할지 도무지 감이 오질 않았다. 도서 서평을 올리는 게 가장 쉬운 접근법이라는 정보에 하나씩 도서 서평을 올리면서 태어나 처음 해보는 글쓰기가 시작되었다. 블로그에 올린 서평에 직접 작가님이 댓글을 달아주시는 내 인생 최대의 놀라운 사건이 일어나기도 했다.

그렇게 인연이 닿아 작가님이 강의하시는 글쓰기 모임에 참여할 기회가 생겼다. 〈닥치고 글쓰기〉 듣기만 해도 당장 글을 쓰지 않으면 큰일이라도 날 것 같은 이 모임은 매일 글을 써서 공유하면 작가님이 피드백을 해주셨다. 이 모임을 알지 못했다면 나는 이렇게 글을 쓰고 있지 못했을 것이다. 모든 하다 보면 는다는 말이 틀린 말은 아니었다. 뛰어나게 잘 쓰는 글은 아니지만 조금씩 실력이 향상되는 걸 느낄 수 있었다.

두 번째 재수강을 끝내고 전자책 강의 내용이 막바지에 다다르자 마음이 조급해졌다. 결과를 내고 싶은 마음에 초조하고 마음만 급했다. 되든 안 되든 우선 질러보자는 심정으로 차별화된 아이디어로 독자들에게 다가갈 수 있는 콘텐츠가 무엇일지 머리를 싸매고 고민했다. 고민 끝에 가장 오래 앓고 있는 우울증에 관한 전자책을 만들어보자는 결론을 내렸다. 자료 조사를 하고 내 경험담과 독자들에게 필요한 내용들을 정리해가며 나름의 고생을 한 끝에 첫 전자책이 완성되었다. 그땐 무슨 자신감인지 상품을 올리기만 하면 즉각적으로 판매가 될 줄 알았다. 내 예상과는 달리 책은 전혀 팔릴 기미가 보이지 않았고 6개월 동안 고작 한 권이 팔렸다. 그 와중에 후기까지 달리지 않은 화면을 보면서 헛웃음이 나왔다. 온갖 잡생각이 들었지만 내가 할 수 있는 최선을 다한 것이란 생각이 들어서 인지 크게 좌절하진 않았다. 오히려 이 일을 계기로 나의 부족함을 알 수 있었고 한번 실패했으니 계속 도전해보고 싶은 마음이 들었다.

〈닥치고 글쓰기〉 모임을 통해 작가란 직업에 대해 처음으로 깊이 알고 싶다는 감정이 내 안에 뜨겁게 올라오고 있었다. 글을 쓰는 직업에 관해 너무도 많은 생각이 휘몰아쳤기에 다른 생각은 이미 뒷전이었다. 피드백 외에도 모임을 진행하는 한 달 동안 2회는 온라인 화상 수업으로 글쓰기 노하우를 강의해 주셨는데 강의 내용 중 글을 쓰면 나를 알아갈 수 있고 마음의 치유된다는 수업 내용이 가슴 깊이 와닿았다. 나는 나라는 사람을 모르는 사람이기에 나를 알아가고 싶다는 호기심이 생겼다.

우울증을 극복하고 싶었고 내 안에 많은 상처를 글로 치유하고 싶었다. 치유라는 게 어떤 것인지 전혀 알지 못했던 나는 치유라는 단어에 이끌려 지금까지도 계속 글을 쓰고 있는지도 모른다. 블로그에 꾸준히 올리는 글에는 댓글이 늘어나기 시작했다. 꾸준히 와주셔서 공감과 위로의 말을 건네주시는 이웃분들도 많아지게 되어 소중한 인연을 느껴볼 수 있는 귀한 경험도 했다. 온라인상에서도 이렇게 따뜻하게 소통할 수 있다는 게 신기했다. 글을 쓰는 내가 자랑스러웠다. 내 글을 통해 공감하고 위로받았다고 말씀해 주시는 이웃님들 덕분에 무기력이 올 때마다 힘을 낼 수 있었다. 일면식도 없는 나에게 관심 가져 주시고 상처 입은 마음의 소리에 귀 기울여주신 이웃님들은 이젠 평생 잊지 못할 소중한 인연으로 생각하고 있다. 모두에게 감사한 마음이지만 가장 감사한 분이 있다.

나에게 글을 통해 새로운 인생을 살 수 있도록 도움을 주신 『닥치고 글쓰기』 작가님께 감사하고 또 감사한 마음이다. 많은 지지와 응원 덕분에 이렇게 작가라는 꿈을 꾸게 해 주셨다. 죽음이란 선택지만 있던 어두운 삶에 다른 사람의 마음을 헤아리고 한 사람이라도 내가 쓴 글을 통해 위로받을 수 있다면 그걸로 충분하다는 생각과 목표를 끌어내 주신 분이기에 이렇게 책으로나마 감사 인사를 전한다. 또한 먼저 손을 내밀어 관심과 사랑을 주신 분들에게 다시 한번 감사한 마음을 전한다. 힘들고 외로운 누군가의 손을 먼저 잡아줄 수 있는 사람이 되어야겠다고 다짐해 본다.

평범한 일상을 꿈꾸며

· · ·

조울증, 경계선 성격장애 외에도 나에겐 공황장애라는 불안장애가 있다. 초기 증상이 나왔을 때는 이십 대였다. 디자인 회사에 다닐 때의 일이다. 업무가 굉장히 바쁜 곳이었으며 한 달 동안 2주간은 주말까지 주 7일을 철야 작업을 해야 하는 회사였다. 그 당시 굉장히 열정적이었고 업무에 있어서 만족했던 회사였기에 정신적으로나 신체적으로 망가져 간다는 사실을 망각했다. 나는 누가 봐도 이상할 만큼 많은 일을 소화하고 있었다.

철야 작업을 하고 있던 어느 늦은 새벽, 갑자기 발작이 찾아왔다. 마우스를 잡고 있던 오른손이 미세하게 떨리기 시작했다. 강도가 서서히 심해지고 있었다. 급기야 격렬하게 경련하며 누군가 세게 흔드는 것 같은 자세로 변하기 시작했다. 분명 뭔가 잘못되어가고 있었다. 경련하는 팔 외에 온몸이 마비되는 느낌이었다. 신체의 변화에 내 머릿속의 회로는 멈춰버렸다. 두려움만이 나를 집어삼켰다.

위급한 상황에서도 누구에게 도움을 요청해야 할지 눈치만 살폈다. 너무 창피하다는 생각에 혼자서 해결할 방법을 찾았다. 아무리 생각해 봐도 답이 나오질 않았다. 결국 함께 철야 작업을 하고 있던 상사에게 도움을 요청했다. 혼자 해결할 수 없다는 사실과 경련이 멈추지 않는 상황에 대한 두려움에 구급차를 타고 가는 내내 눈물만 흘렸다. 응급실에 도착해서도 원인을 모르니 안정제를 맞자는 이야기 외엔 별다른 말이 없었다.

첫 발작을 시작으로 나는 항상 불안을 지니고 살았다. 언제 또 나에게 갑작스러운 발작이 찾아올지 예상할 수 없었다. 그러한 와중에도 내 몸이 걱정된다는 생각보단 발작이 계속되면 회사를 그만둬야 한다는 사실이 더 두려웠다. 그만큼 직장에서의 만족도가 높았다. 그렇게 계속되는 스트레스와 철야 작업에 발작은 다시 재발했고 병원에선 원인을 모른다는 이야기뿐이었다. 결국 직장을 그만두고 쉴 수밖에 없는 상황에 놓였다. 휴식 시간을 갖게 되니 신기하게도 발작은 일어나지 않았다.

그때부터 원인이 스트레스 때문일 수도 있다는 생각이 들었다. 나는 적절하게 스트레스를 관리하는 방법을 전혀 알지 못하는 사람이었다. 그저 반복되는 일상을 살아야 했다. 다시 직장을 구하고 철야 작업을 반복하고 다시 발작이 재발하는 악순환이 반복되었다. 그렇게 또 원인을 알지 못한 채 직장을 그만두었다. 실패했다는 생각이 강하게 들었다. '너는 실패한 인간이야! 한심한 인간이라고 남들 다 하는 일을 하지 못했잖아. 너는 다시는 그전의 상태로 돌아갈 수 없을 거야!' 내 머릿속에선 매일 나를 자책하고 우울감에 빠지게 만드는 소리가 들려왔다.

그렇게 제대로 된 직장생활을 하지 못한 채 지금의 남편을 만나 결혼했고 얼마 지나지 않아 아이를 낳아 엄마의 삶을 살게 되었다. 이상한 일이었다. 아이를 낳고 육아를 하는 7년이란 시간 동안은 발작이 나타나지 않았다. 발작을 잊고 살던 어느 날 남편과 심하게 다툰 차 안에서 발작은 다시 시작되었다. 내 심장은 미친 듯이 쿵쾅거렸고 숨 쉬는 것조차 스스로 제어하기 힘들었다. 온몸이 바들바들 떨리며 식은땀이 흥건히 피부를 타고 흘러내렸다. 남편은 너무 놀라 그 길로 병원으로 향했다. 그곳은 정신과였고 침대가 놓여있었다. 안정제를 맞으면서 겨우 진정할 수 있었다. 의사는 나에게 공황장애라는 진단을 내렸다. 나는 공황장애였다. 발작이 처음 보였을 때 알 수 없었던 병명을 뒤늦게 알게 되었다. 이제 공황장애는 그때처럼 다시 사라져 버리는 증상이 아닌 매일 나를 괴롭히는 존재가 되었다.

제일 견디기 힘들었던 건 불안에 맞서 할 수 있는 일이 나에겐 전혀 없다는 사실이었다. 매일 불안과 싸워야 했다. 마침내 혼자서는 도저히 시도해 볼 방법이 없다는 걸 깨달았다. 낯선 곳에 가면 심장이 쪼그라들며 미친 듯이 뛰기 시작했다. 스스로 자신을 통제할 수가 없는 기분에 휩싸이고 심할 경우 실신하는 최악의 사태까지 발생했다. 여기까지의 나의 경험은 누구나 겪을 수 있는 불안에 관한 이야기이다. 이젠 공황장애라는 질환이 흔한 질환이 되었다. 누구나 겪을 수 있는 병이 되었고 사회적으로도 널리 알려져 있다. 이젠 불안장애와 싸우며 깨달은 사실을 누군가에게 말할 수 있을 정도로 상태가 많이 호전되었다. 한때는 불안장애가 끝날 때까진 행복이란 감정을 느낄 수 없다고도 생각했다. 하지만 그건 사실이 아니다. 그저 숨고 싶었고 사라지고 싶었다. 하지만 그 시간은 영원하지 않았다.

공황장애는 누구에게나 올 수 있는 질환이다. 사람들은 누구나 불안과 공포를 느끼며 살아간다. 평생 불안을 겪지 않고 살아가는 사람은 없을 것이다. 공황장애의 원인은 다양하여 뚜렷하게 원인을 설명할 순 없지만 확실한 건 스트레스에 취약한 사람에게 공통으로 보이는 질환이라는 점이다. 공황장애를 겪고 있는 사람들은 이렇게 생각할지도 모른다. '다른 사람들처럼 살긴 틀렸어. 내 인생은 엉망진창이야. 이렇게 괴로운 사람은 나밖에 없을 거야.' 나 또한 그렇게 생각했던 사람 중 한 사람이기에 그 심정을 충분히 이해한다. 여전히 불안할 땐 약이 필요하다. 괜찮다고 생각될 때마다 느닷없이 들이닥치는 발작에 혼란에 빠지기도 한다.

하지만 더는 나의 이런 발작 증상과 병이 있다는 사실이 부끄럽지 않다. 정신병을 겪고 있는 사람으로 낙인찍히는 것이 두려운가? 분명 그러한 생각에 전문의를 만나기를 포기하고 어떻게든 스스로 해결하려고 발버둥 치는 사람도 있을 것이다. 우리에겐 아파도 행복할 권리가 있다. 당신은 그 누구의 눈치를 보지 않고 행복할 권리가 있는 사람이다. 나를 이해 못 할 수도 있다. 나를 미쳤다고 할지도 모른다. 내 곁을 떠나는 사람도 있을 수 있다. 하지만 그게 어떻단 말인가? 당당히 내 모습을 밝히며 살아도 나는 충분한 사람이다. 어떻게 이 고통을 극복할지에 집중하기를 바란다.

사람들은 공황장애에 시달리면서도 원하는 바를 이루고자 애쓰고 목표에 도달하기도 하며 행복한 삶을 누린다. 우리 안의 불안이란 존재를 인정하고 나와 함께 이 여정을 헤쳐 나가자. 더 이상 불안을 숨기고 타인에게 억지로 괜찮은 척 연기하지 말자. 스스로 비정상이라고 느껴온 이들이 어디 우리뿐이겠는가? 세상에 모든 존재는 불완전하다. 모든 이들이 불안과 공포를 안고 살아간다. 단지 우리는 조금 더 취약할 뿐이다. 숨을 쉬지 못해 응급실로 실려 가던 나도 지금 살아있지 않은가. 나는 살아있다. 당신도 살아남을 수 있다. 그 여정이 괴로울 수 있지만 우린 혼자가 아니다. 적어도 나라는 한 사람이 당신과 함께한다면 당신이 혼자가 아니라는 것은 증명된 셈이다. 불안이 우리를 덮쳐도 우린 반드시 함께 나아갈 수 있다. 나는 나를 믿는다. 또한 당신을 믿는다.

가족이라는 이름의 기적

· · ·

이 나이가 **되도록** 가족의 소중함을 몰랐다. 부모님의 모습은 항상 불안했고 형제와도 서로 보듬고 응원해주는 관계로 지내는 게 어려웠다. 그런 나에게 딸들의 존재는 유일한 사랑이다. 하지만 내 안의 병들은 그렇게 쉽게 나를 놓아주지 않는다. 종종 심하게 감정을 조절할 수 없게 되면 딸들의 곁을 떠나는 생각까지 하며 나의 감정과 싸워야만 했다.

모두가 때때로 이러한 극적인 감정을 경험하는 때가 있을 것이다. 직장에서 크게 무너져야 하는 순간, 인생에서 일어서기 힘든 일을 당한 순간이 당신에겐 그러한 경험일 수 있다. 나는 조울증과 경계선 성격장애로 인해 그러한 강렬한 감정이 일상이었다. 대부분에 사람들은 그러한 상황과 감정을 어떻게 극복하고 해결해 나갈지에 관한 방법을 찾을 수 있거나 자신을 진정시킬 수 있는 능력이 있다.

나는 스스로 그것을 할 수 있는 힘이 없었다. 모든 감정은 심하게 슬퍼하고 우울했으며 분노했다. 스스로 통제할 힘이 너무나 절실했다. 통제되지 않는 힘든 순간에는 가장 가까이 있는 남편에게 나의 감정을 짜증과 분노로 표출했고 그것까지도 되지 않을 땐 자해하는 행동으로 자신을 상처 입히기도 했다. 결혼 후에도 가족의 존재를 느끼지 못했기 때문에 가족의 소중함을 모르는 건 당연했다. 놀랍게도 지금은 이런 나에게 그러한 힘을 기를 수 있게 도와주고 있는 건 가족이다. 언제나 응원을 아끼지 않고 내 병을 이해하려 노력하는 남편과 늘 많이 아픈 엄마를 세상에서 제일 사랑한다고 말해 주는 두 딸 덕분에 나는 많이 치유되고 있으며 여전히 삶을 살아간다.

항상 남편의 모든 모습이 마음에 들지 않았고 트집을 잡아 화를 내고 바꾸려 들었다. 그런 나의 모습에 남편도 덩달아 화를 내면 그날 우리의 싸움은 커졌고 결국 서로의 기분만 상한 채 아무런 이득 없이 끝이 났다. 끝까지 싸워서 잘잘못을 따지고 이기려고 들었던 나의 모습은 아마 그 어떤 누구라도 받아주기 힘들었을 것이다. 언제부턴가 이러한 내 모습에도 남편은 웃으면서 날 달래주기 시작했다. 분노하던 내 감정은 남편이 웃는 모습에 작아지면서 화내는 대화가 끝나는 날들이 잦아졌다. 아마 남편의 성격마저 불같았다면 혹은 나의 말과 행동에 심각한 반응을 하는 사람이었다면 어땠을지 상상해 본다.

나의 상태는 더욱 안 좋아지지 않았을까? 처음엔 나의 불같은 성격을 알면서도 항상 침착한 남편이 너무 답답해서 견딜 수가 없었다. '왜 나에게 똑같이 반응하지 않지?'라는 생각에 일부러 상처가 될만한 말을 퍼붓거나 강렬한 행동으로 충격을 주려고 한 적도 많다. 하지만 지금은 남편의 침착한 행동이 나를 답답하게 했을지언정 안정감을 주는 행동이었다는 걸 안다. 남편이 있는 그대로의 나를 받아주지 않았다면 심리적인 불안감은 점점 더 심해졌을 것이다. 나는 스트레스를 조절할 능력이 너무 부족했으므로 남편의 도움이 절실하게 필요했다. 나를 바꾸려 하지 않는 모습과 나의 병을 받아들이려고 노력하는 모습에서 가능성을 보았다. 자신을 먼저 변화시키려는 남편의 모습에 긍정적인 영향을 많이 받았다.

남편의 모습을 바꾸려 하지 않고 나 자신부터 바뀌어야 한다고 결심하게 된 계기가 되었다. 결혼생활을 십 년이나 한 후에야 상대에게서 보이는 결점은 나 또한 가지고 있을 수 있는 결점이라는 걸 깨달았다. 이 또한 남편에게 감사하다. 어렵게 깨닫게 된 이 사실이 놀랍고 소중하다. 나는 이제 매일 감사하는 마음을 담아 남편의 얼굴을 웃으면서 바라본다.

사랑하는 사람과의 관계, 이를 위해 하나씩 노력해가는 모습이 서로의 영혼을 치유한다. 가장 가깝지만 어려운 관계인 가족이란 관계, 우리는 이 가장 가까운 관계로 인해 마음에 큰 영향을 받는다. 사회생활을 하고 인간관계를 형성하는 것에도 아주 중요한 문제가 된다. 너무 익숙한 존재이기 때문에 여전히 가족에게 함부로 말을 내뱉고 누구에게도 하지 않을 행동으로 상처를 주고 있다면 나의 모습을 되돌아볼 필요가 있다.

사람들은 가족이라는 관계의 중요함을 잊고 살아간다. 늘 곁에 있기에 소중함을 잊고 가장 신경 써야 할 존재임을 망각한다. 하지만 가족은 기적 같은 존재이다. 돈을 주고도 살 수 없는 아주 귀한 존재이다. 여전히 내 곁에서 재잘재잘 일상을 털어놓으며 꼭 안아주는 딸들의 손길에서, 힘든 퇴근길에도 웃음으로 오늘 하루 고생했다고 안아주는 남편의 품에서 나는 그 기적을 보았다. 내가 아프다는 사실을 부모님은 조금은 늦게 알게 되었다. 숨기고 말을 하지 못한 이유가 컸다. 아프다는 사실을 아프다고 말하는 게 큰 용기가 필요하다는 걸 알았다. 그저 내가 남들과 다르다는 걸, 지금 너무 아프다는 사실을 말하는 게 두려웠다. 부모님의 걱정이 마음의 짐 같았다.

얼마 전 세상을 떠나신 아버지가 이렇게 딸이 아픔을 치유하며 살아가는 모습을 보지 못하시고 가신 게 슬퍼지기도 한다. 딸이 아픈 모습에 걱정해주시는 어머니와 나의 하나뿐인 언니와 남동생의 응원도 이젠 가슴 깊이 느낄 수 있는 내가 되었다. 가족의 소중함을 느끼게 된 지금의 나는 더할 나위가 없이 행복하다. 모두가 이런 행복을 느낄 수 있길 바라는 건 나의 욕심일까. 오늘부터라도 나의 곁에 있는 가장 가까운 존재인 가족을 위해 작은 관심과 따뜻한 미소를 건네보자.

가족은 피하고 외면하고 싶을 때 감옥 같은 존재가 되지만 먼저 마음을 열고 손을 내밀어 다가간다면 어디에서도 느껴보지 못한 마음의 안식처가 되어준다. 아이들이 없는 삶은 이제 상상할 수가 없다. 가족이 없었다면 나는 평생 사랑이 무엇인지 모르며 살았을 것이다. 삶의 의미도 살아갈 용기도 찾지 못한 채 죽지 못해 사는 나에게 아이들과 남편이 살아갈 힘을 주었다. 나로 인해 그동안 많은 상처를 받았음에도 항상 내 곁을 지켜준 든든한 친구이자 연인인 남편에게 감사한 마음을 전한다.

다름을 인정하니 모든 게 달라졌다

· · ·

누구를 만나든 누군가와 얘기하든 내가 우위에 있다고 생각하던 때가 있었다. 지금 생각해보니 그건 높은 자신감도 자존감도 아닌 그저 내 세계에서 나밖에 모르는 강한 고집이었다. 세상엔 다양한 사람이 존재하며 모두가 다른 생각과 개성을 가지고 살아간다는 걸 알지 못했다. 말 그대로 '우물 안 개구리'였다. 모든 생각과 행동은 내가 옳고 타인이 잘못되었다는 편협된 생각으로 똘똘 뭉쳐있었다. 겉으로는 누구에게나 상냥하고 이해심 많은 사람인 듯 말하고 행동하였지만 속은 내 생각과 조금이라도 다르면 틀렸다고 생각하며 사람을 끊어냈다.

지금은 그 모습들이 굉장히 가식적인 모습이었다는 걸 안다. 자신의 좁은 경험과 지식에만 의존해서 사는 사람만큼 위험한 것도 없다. 색안경을 끼고 타인을 바라보는 눈과 어떤 이야기든 당신은 틀렸다고 듣는 귀는 인간관계를 맺고 유지하는 부분에 있어서 많은 어려움을 주었다. 내 말이 무조건 옳다고 우겼고 결국 말싸움으로까지 번질 때도 많았다. 왜 나는 타인을 이해하려고 들지 않았을까? 왜 무조건 내 말만을 옳다고 했을까? 나는 지금도 백 퍼센트 타인을 인정하고 존중하는 시각으로 바라보는 게 어렵다. 내가 이렇게 상대방을 이해하는 부분에 어려움을 갖는 것에 대해 몇 가지 이유를 생각해 냈다.

나를 인정하지 못하는 마음

타인을 이해하는 첫걸음으로 가장 중요한 건 나를 이해하고 나를 인정하는 마음이다. '나는 누구인가?'라는 질문에 바로 답 할 수 있는 사람은 많지 않다. 우리는 생각보다 자신을 모른다. 내가 나를 모르는데 어찌 타인을 이해할 수 있을까. 내가 누구인지 자신에 대한 정확하고 객관적인 이해가 필요하다. 타인과의 갈등에 본질적인 문제는 내가 누구인지를 이해하지 못하고 파악하지 못했기 때문이다. 내 안의 진정한 나를 발견하고 깨닫게 되는 과정을 통해 타인과의 관계에서 항상 불안정한 모습이던 나는 안정적인 내가 될 수 있었다. 자신을 잘 이해하고 있으면 타인과의 관계에서도 있는 그대로의 나를 솔직하게 보여줄 수 있으며 긍정적인 관계를 맺는 것에도 많은 도움이 된다.

다름을 인정하는 것은 서로의 행복

우리는 가까이 있는 친구와 연인, 그리고 가족들까지도 어느 쪽이 무조건 틀렸다는 결론을 짓게 되는 경우가 있다. 누군가의 의견이 더 옳은지에 관해 다툼이 되는 경우도 적지 않다. 나 또한 그랬다. 무조건 대화엔 내 말이 옳다는 결론이 나야 후련했다. 하지만 이젠 누구도 틀리지 않다는 걸 안다. 서로 입장에 차이가 있다는 걸 이해하고 이야기를 들으면 다툼까지 이어지지 않는다.

서로 공감하지 못하고 다름과 각자의 다양성을 인정하지 않으면 갈등이 발생한다. 개인의 문제가 사회 문제로 커지는 경우까지 있으며 상대에게 당신이 틀렸다고 말하게 됨으로써 인격을 무시하는 사람으로 보이고 싸움까지 발생하는 것을 주변에서 자주 보게 된다. 하지만 다름과 틀림은 비교 대상으로 전혀 적합하지 않다. 사람은 모두 같지 않을 뿐이다. 다름과 틀림은 서로 전혀 관련성이 없음에도 불구하고 사람들은 그것을 전혀 구분하지 못한 채 자신의 오류를 인정하지 않는다. 인간관계에서 가장 기본이 되는 것은 서로 다름을 인정하는 것이다. 서로의 사고 관점이 다르다는 것이지 틀린 건 아니다. 이 사실을 깨닫게 된다면 개인의 행복, 나아가 서로의 행복이 시작될 것이다.

타인에 대한 긍정적인 관심

타인의 말에 귀 기울이며 상대방을 알아가려면 우선 관심을 가져야 한다. 관심에는 부정적 관심과 긍정적 관심이 있다. 어떤 이들은 상대를 볼 때 무조건 단점만을 찾아내려 노력한다. 이러한 행위는 서로에게 이득이 없다. 이젠 부정적 관심보단 긍정적 관심을 가지려고 노력해보는 건 어떨까? 어려운 일이겠지만 자신에게 긍정적 영향을 주기에도 아주 좋은 방법이다.

타인에게 긍정적 관심을 가져 보는 건 상대를 인정하기 위해 꼭 필요한 일이다. 사람은 좋게 보려면 한없이 좋게 보이고 나쁘게 보려면 끝도 없이 나쁘게 보인다. 사람이 마음가짐이란 이렇게 중요하다. 나의 마음을 움직이는 게 남의 마음을 움직이는 것보다 쉽다. 오늘부터 상대의 예쁜 점을 관찰해보자. '이렇게 장점이 많은 사람이었나?' 생각지도 못한 부분들을 발견하고는 당신은 놀라게 될 것이다. 춘풍추상(春風秋霜). 남을 대할 땐 바람처럼 부드럽게 대하고, 가을 서리처럼 엄격하게 자신을 살피라는 말이 있다. 그러한 삶의 자세를 알아가는 게 성숙해지는 길이 되고 포용을 실천하는 마음이 된다.

배움에 대한 갈증

· · ·

읽고 싶은 책을 읽기 시작했다. 책을 읽고 소소하게 블로그에 서평을 남기는 작은 작업, 그 행위 하나만으로도 무기력했던 내 삶이 축축한 땅속에서 파릇파릇하게 새싹이 돋아나듯 싱그러워지기 시작했다. 『닥치고 글쓰기』 책 서평을 계기로 인연이 닿은 작가님의 블로그에서 글쓰기를 하는 모임이 있다는 걸 처음 알게 되었다. 글쓰기 과정을 참여하면 서평 작성도 한결 수월해지지 않을까 하는 생각이 들었다. 고등학생 시절 책을 안고 다니며 언젠간 글을 써보고 싶다는 꿈을 가슴에 품었던 소녀의 바람을 한번 이뤄보자는 마음으로 닥치고 글쓰기 과정을 통해 블로그에 나의 이야기를 쓰기 시작했다. 매일 글을 쓰진 못했지만 처음 써보는 글쓰기 작업에 나도 할 수 있다는 자신감과 사람은 우선 닥치고 무언가 시작해야 한다는 깨달음을 얻었다. '닥치고'라는 단어가 굉장히 강렬하게 다가왔다. 지금 떠올려 보아도 가장 결정적으로 동기부여가 되어준 너무도 소중한 기억이다.

글을 써서 올리고 공유할 때마다 내가 생각해도 형편없는 글에 창피할 때도 많았지만 내 글을 내가 당당하게 생각하지 않으면 누가 그렇게 생각해줄까 싶었다. 그런 생각이 들고나니 어떠한 주제의 글을 써도 솔직하게 진심을 담아 그 순간만큼은 최선을 다해 써야겠다고 생각했다. 보잘것없는 글에도 공감해주시고 위로가 된다는 댓글을 남겨 주시는 분들이 계실 땐 가슴이 뛰었다. 그런 일이 잦아질수록 글을 잘 쓰고 싶다는 욕심이 생겼다. 어느 순간부턴, 피드백해주시던 작가님의 칭찬이 뜬구름 잡는 이야기가 아닌 현실처럼 다가오기도 했다.

"이루다 작가님은 글을 쓰셨던 분처럼 글이 아주 좋습니다. 더 이상 제가 수정사항을 말씀드릴 게 없는데요?"

작가님의 칭찬은 나를 춤추게 했다. 어쩌다 한번 나오는 '작가님~' 소리가 어찌나 좋던지 그 단어 한마디에 종일 들뜬 기분으로 작가가 되는 상상까지 했다. 이따금 말도 안 되는 소리라고 꿈에서 깨라고 내 안의 내가 나를 무시하는 소리도 들렸다. '네가 무슨 작가야? 넌 계속 아무것도 못 해. 여태껏 그랬던 것처럼.' 내 안에 악마 같은 속삭임들은 정말이지 견뎌내기 힘들었다. 이제 겨우 사람답게 뭐라도 하고 산다는데 앞길을 죄다 막아놓으려 하니 너무도 잔인하게 느껴졌다. 살고 싶었다. 쓰고 싶었다. 그렇게 나에겐 상상조차 못 할 책을 내고 싶다는 꿈까지 꾸게 되었다. 고작 몇 줄 안 되는 글이었지만 나는 정말 살기 위해 써 내려갔다. 그렇게 감정을 토해내지 않으면 속이 답답해 죽을 거 같았다. 정말 내가 아무것도 하지 못하는 사람이란 걸 인정하는 바보가 될까 봐 두려웠다.

글을 쓸 때마다 작가님이 해주셨던 말이 계속 맴돌았다. 쉽사리 잊을 수가 없었다. 얼마 만에 들어보는 나를 인정해주는 말인가. 생각만 해도 눈물이 고였다. 어떠한 이유에서든 '망한 삶','저주받은 삶','태어난 게 잘못인 삶'이란 없다. 모든 존재는 그 자체만으로도 한 인간으로서 존엄성을 지니고 있다. 인간의 삶이란 견디기 어려움을 견디고 희망할 수 없는 꿈을 희망하며 살아가는 일일지도 모른다. 이 모든 게 삶을 살아가는 과정에서 누구나 필수로 겪어야 할 하나의 과제라고 생각한다.

나의 경험들은 책에 대한 진실을 말해 주었다. 한 권의 책이 우리에게 가져다주는 건 단순한 정보가 아닌 세계이며 끝도 없이 펼쳐진 우주, 그 자체이다. 한 사람이라도 글을 통해 삶의 의미를 깨닫고 위로 받을 수 있길 바라는 한 작가를 통해 나는 다시 태어났다. 죽음만을 바라보던 우울에서 결국 자신을 구원해내는 건 믿음을 포기하지 않고 나 자신을 포기하지 않는 마음이 아닐까.

〈닥치고 글쓰기〉강의를 들으며 글에 대한 배움에 갈증이 생기기 시작했다. 모든 걸 알아가고 싶고 내 안에 느끼는 감정과 생각을 표현해내고 싶었다. 공부를 통해 배움의 시작은 질문하는 것에서부터 시작된다는 걸 알았다. 존재하는 모든 사물과 생명 그리고 존재하지 않는 것까지도 호기심을 가지고 질문을 던져야 한다. 글쓰기는 배움의 연속이다. 알지 못하면 쓸 수가 없다. 끊임없이 질문하고 대답하기를 반복해야 한다. 일상의 익숙한 일에만 둘러싸여 있으면 새로운 생각은 일어날 수 없다. 새로운 생각은 우리에게 질문을 하게 하고, 그 질문의 답을 찾아가는 과정에서 우리는 많은 걸 배운다.

'바보 같은 질문은 없다. There is no stupid question.'라는 말이 있다. 스스로 생각하며 질문하고 자신만의 생각을 창조해 내는 삶은 더없이 소중하다. 비단 글에만 국한된 것이 아닌 호기심과 질문, 그리고 배움은 삶의 원동력이 된다. 또한 배움에서 중요한 부분은 바로 관찰이다. 그냥 눈으로 보기만 하는 것이 아닌 적극적으로 관찰하는 것이다. 일상에는 다양한 상황이 있다. 그 안에서도 우리는 보기만 하지 관찰하지는 않는다. 글을 쓰면서 가장 어려운 부분 중 하나가 관찰이었다. 대상을 관찰하려면 몰입이 필요하다. 관찰을 하게 되면 자연스럽게 궁금증이 생겨나고 그 궁금증을 해결하기 위해 몰입의 시간을 갖게 되며 그 관찰의 과정에서 배움이 일어난다. 관찰하는 게 도무지 무슨 소린지 모르겠다 싶을지도 모른다. 나에게도 아직 어렵기만 하다. 한평생을 아무 생각 없이 살아왔는데 어디 하루아침에 나에게 그러한 능력이 떡 하니 생기겠는가?

분명한 건 이렇게 하나하나 배워가는 과정에서 앞으로 더 나아가고 싶은 삶에 대한 열정과 애정을 긍정하고 스스로 격려하는 일이 가능하게 되었다는 점이다. 나는 굉장히 꽉 막힌 성격에 고정관념이 강한 사람이었다. 배움을 위해 고정관념에서 벗어나 대상을 다르게 바라보는 연습을 하고 있다. 정해진 틀 속에서는 새로운 생각이 깨어날수 없다. 관찰은 사물에서 보이지 않는 것을 볼 수 있어야 한다. 배움에 대한 노력이 없을 때 자신만이 옳다는 생각에 얽매이게 되며 아집에 빠지게 된다.

살아간다는 건 눈을 뜨는 순간부터 크고 작은 선택과 대면하여 선택에 결단을 내려야 하는 걸 의미한다. 우리는 모든 선택에 있어서 스스로 결정할 힘을 가지고 있다. 나를 변화시킬 힘을 가진 것도 나이고 내 삶의 지도를 그려 나갈 사람 또한 나다. 끝이 보이지 않는 어두운 터널 속을 하염없이 걷던 내가, 호기심을 가지고 나 자신에게 질문을 던지는 모습을 볼 때면 여전히 조금 낯설게 느껴지곤 한다. 내 인생을 '자살'에서 '살자'로 바꾸어준 작가님처럼 끊임없는 배움을 통해서 나를 성장시키고 사람의 마음을 어루만져 줄 수 있는 나를 꿈꾼다.

나는 어디쯤 서 있을까

· · ·

어떤 감정이든 격렬하게 느끼며 고통스러워하는 나를 보며 언제 쯤 이 병이 나아질까 궁금했다. '평범한 사람들처럼 살 수 있는 날이 올까?' 머나먼 미래만 바라보며 아무런 대책도 없이 하루하루를 무의 미하게 보냈다. 나는 아프니까 그래도 된다는 합리화도 한몫했다. 현 대인들은 정신없이 바쁘게 살아가고 있다. 막상 무엇이 그렇게 바쁜 지 되돌아보면 뚜렷하게 이루어놓은 성과는 없다. 무엇 때문에 우린 이렇게 정신없는 삶을 살고 있을까?

삶에 목적이 무엇인지 제대로 알고 살아가는 마음과 흐지부지한 채 아무런 목적 없이 살아가는 삶은 확연히 다르다. 바쁘게 사는 것에만 급급하면 하늘을 올려다보며 꿈을 꾼다는 것이 결코 쉬운 일은 아니다. 하늘을 올려다보는 것이 힘들다는 이유로 바닥만 보며 걷는다면 우린 삶의 방향을 잃고 헤매 일 수밖에 없다. 우리가 잊고 있는 한 가지가 있다. 어디에 사는가 보다 '무엇을 하는가'에 집중해야 한다는 사실이다.

동양의 철학자 노자는 말했다. '남을 아는 사람은 지혜롭다고 할 수 있다. 그러나 자기 자신을 아는 사람이야말로 진정으로 총명한 자다.' 자신을 아는 것이야말로 어떤 것보다 지혜롭다는 것을 일깨워 주는 말이다. 인간은 누구나 많은 분야에서 두드러지는 능력을 지니고 있으며 또 반대의 부분에선 열등하기도 하다. 배우고 깨달음을 얻고 자신을 확장해 가며 삶을 성공으로 이끌 것인가. 깨지고 무너지며 패자로 살아갈 것인가.

삶을 살아가며 놓지 않아야 할 중요한 메시지는 '질문'에서 나온다. 숨 가쁘게 살아가는 일상 안에서 잠시 여유를 가지고 우리가 살아가는 이유가 무엇인지 우리는 어디쯤 서 있는 것인지 되짚어 보는 시간을 갖는 것은 자신이 누구인지, 현재 생각하는 것과 목표하고자 하는 소망은 무엇인지에 대해 알아가는 귀한 시간이 되어준다. 우리는 몸에 관해서는 무던히 노력한다. 온갖 좋은 영양제와 풍부한 음식을 먹으며 규칙적인 운동과 몸에 좋다는 방법들을 전부 시도해 본다. 그에 반해 마음과 영혼을 위한 시간은 얼마나 가질까? 이 부분은 아무것도 아닌 듯 보일 수 있지만 굉장히 중요하다. 자신이 지금 서 있는 곳이 어디쯤인지 알기 위한 중요한 나침반이 되어준다.

모든 인간은 '왜?'라고 질문할 때 비로소 성숙한 인간으로 태어날 수 있다. 성장해 가는 사람이 되어갈 수 있다. 그것은 위대한 일이다. 나는 무엇으로 만들어지고 무엇을 위해 사는가? 현재의 나는 독서와 글쓰기 그리고 나를 사랑해주며 응원해주는 사람들로 만들어졌다고 말할 수 있다. 나는 나를 위해 그리고 그들을 위해 나의 글을 읽어주는 단 한 명의 독자를 위해 살아간다.

삶에서 가장 중요한 건 나답게 살아가는 것이다. 당신은 무엇으로 만들어지고 무엇을 위해 사는가? 당신이 서 있는 위치를 알기 위해선 당신에게 물음을 던져야 한다. 자신과 최대한 솔직하고 진지한 대화를 나누길 바란다. 지금 서 있는 곳이 바로 우리가 오늘 나아가고 있는 방향이기도 하다. 오늘 우리는 어디로 가고 있는가. 바른길을 가고 있는가. 혹시라도 어두운 유혹에 이끌려 여태껏 살아온 날들처럼 설명조차 할 수 없는 불구덩이로 끌려가고 있진 않은지 한 번쯤 생각해 보자.

영혼의 상태를 점검하며 나를 알아가는 시간은 꼭 필요하다. 내가 서 있는 곳, 앞으로 나아갈 방향, 무엇을 위해 살아가야 하는지에 관한 문제에 서서히 답이 나올 때 개운함을 느낄 것이다. 이 답을 끄집어낼 수 있는 사람은 오로지 자신뿐이다. 우리가 살아가는 방식을 들여다보면 버리고 나아갈 것이 생각보다 많다. 마음을 비워야 멀리 보이는 법이다. 사소한 것, 별것 아닌 일에 시간과 돈을 낭비하는 경우는 살아가는 동안 꼭 겪게 되는 불가피한 일이기도 하다. 유리잔 하나에도 물을 너무 많이 담으면 넘쳐흘러 내리듯 자신에게 없는 만 못한 것도 이 세상엔 무수히 많이 존재한다. 마음과 영혼을 비워내고 앞으로 나아갈 나 자신의 방향성, 삶의 목표에 대한 재점검의 시간이 필요하다.

어깨에 무겁게 얹혀있는 삶의 무게를 줄여보자. 스스로에 대해 생각하는 시간을 갖자. 행복은 애써 쟁취하려고 발버둥 치는 것이 아닌 마음을 비울 때 저절로 온다고 한다. 마음을 가꾸기 위한 마음공부를 게을리하지 말자. 질문을 계속 던지자. 그 질문에 사색하고 내면을 들여다보며 내가 지금 어디쯤 서 있는지 어느 방향으로 나아갈 것인지 매일 스스로 답을 찾아보자. 삶은 속도가 아닌 방향이라는 걸 잊지 말자.

책이라는 동아줄

. . .

첫 아이를 낳고 아이를 잘 키워보겠다는 마음에 온갖 육아서를 섭렵했던 때가 있었다. 유명하다는 육아서는 모두 사들여 아이를 돌보는 시간 외에 틈틈이 읽었다. 육아서를 읽으면 내가 좋은 엄마가 저절로 될 줄 알았다. 하지만 현실은 달랐다. 육아서대로 아이를 키우는 일은 불가능했다. 책은 그저 한 번 읽는 걸로 끝이 났으며 읽은 이후엔 그런 책이 있다는 사실조차 잊은 채 지냈다. 책에 별 흥미 없이 지내던 난 인생의 위기를 맞으며 다시 책을 집어 들었다. 심한 우울증, 자살 충동, 남편과의 이혼 결정은 내 인생 최대의 위기였다. 참을 수 없는 자살 충동에 하루하루가 지옥 같았다.

누구에게도 죽는 건 쉬운 일이 아니다. 아무도 가벼운 마음으로 자살을 준비하진 않으리라. 스스로 목숨을 버리기까지 얼마나 많은 고통이 있었을지 그들의 심경을 조금은 이해할 수 있을 것 같았다. 자살한 사람들의 동기는 저마다 다르겠지만 삶의 의미를 잃었다는 점은 공통된 부분이라 생각한다. 나는 삶의 의미를 잃었다. 모든 것에 흥미가 없었고 아이들을 키우는 것에도 책임감을 느끼지 못했다. 정말 말 그대로 내 인생을 전부 놓고 싶었다. 이루고 싶은 목표 하나 없는 삶이 불행하게 여겨졌다. 심하게 자살 충동을 경험했던 그날 이후 내 눈앞에 놓인 것이 바로 책이었다. 살기 위해 책을 집어 들었지만 내가 왜 책을 읽고 있는 건지 아무 생각이 없었다.

그저 읽으면 해답이 나올 거 같았다. 물고 늘어질 수 있는 수단은 책뿐이었다. 책을 읽으면서 의무적으로 블로그에 서평을 남겼고 글을 게시하면 눌러 주는 좋아요와 읽음 표시를 목적으로 읽기도 했다. 무의미한 행위였다. 타인의 관심에만 목적은 둔 읽는 행위가 즐거울 리 없었다. 의미 없는 책 읽기가 계속되던 중 독서 모임을 할 수 있는 기회가 생겼다. 매일 조금씩 읽고 독서 노트를 작성하고 온라인으로 화상 채팅방을 만들어 각자의 생각을 들을 수 있는 모임이었다.

필사는 손이 아프고 귀찮다는 핑계로 실행해 보지 못했던 나는 모임에 참여하기 위해서라도 독서 노트를 실천해야 했다. 독서 노트에 정리하는 습관을 들이다 보니 놀라운 효과가 보였다. 생각하는 나를 발견했다. 나는 생각하며 살지 않았다. 그냥 본능적으로만 반응하며 살았을 뿐 생각과는 거리가 멀었다. 아직 이 부분에 어려움을 느낀다. 첫술에 배부를 수 없듯 습관이란 많은 시간과 노력을 투자해야 한다.

읽기만 하는 것이 아니라 내용에 관해 생각하는 행위가 중요하다는 사실을 너무 늦게 알았다. 책은 이제 나에게 도피 공간이자 치유의 공간이 되었다. 좋은 책은 나에게 듣고 싶은 이야기를 들려주고 피하고 싶은 현실을 잠시나마 잊게 해주기도 하며 끔찍한 현실을 적나라하게 보여주기도 한다. 힘이 들 때 기댈 수 있는 친구가 되어주는 책이 고마웠다. 이렇게 나처럼 방황하는 시기의 사람들에겐 남들은 어떻게 사는가를 보여주는 책을 읽고 간접 경험을 해보는 방법이 도움이 된다.

대부분 책에 나오는 스토리는 성장 스토리다. 주인공의 스토리가 됐던 저자 본인의 스토리이든 모든 이야기는 성장에 관한 이야기가 많다. 우리에겐 이 성장 스토리만큼 귀중한 경험도 없다. 우린 모두 죽을 때까지 성장해 가는 존재이기 때문이다. 이야기의 힘은 대단하다. 나는 인생을 살아오면서 단 한 번도 내 능력의 한계를 생각해 본 적이 없었다. 내 능력 이상을 실현하기 위해 노력해 본 적은 더더욱 없다. 그러한 나에게도 독서와 글쓰기를 통해 가슴 뛰는 인생을 살고자 하는 열정과 희망이 생겼다. 비로소 삶의 의미가 생긴 것이다.

누구에게나 인생 책이 필요하다. 그러한 책은 한 권 읽기로 끝나지 않는다. 다른 책도 읽고 싶은 설렘과 욕구를 불러일으킨다. 여러 번 읽을 때마다 다른 관점을 제시해주고 생각을 확장한다. 그렇게 책을 대하는 마음을 다르게 가져 본다면 진정한 자기 자신에게 도달하기까지 많은 시간이 걸리지 않을 것이다. 이제 독서는 지식만을 전달하는 수단이 아닌 우리의 삶과 마음의 상처를 치유해주는 도구이다.

나는 살기 위해 책을 읽고 글을 쓰고 있다. 독서와 글쓰기야말로 내면의 상처를 치유하고 자신의 성장에 발판이 되어주는 가장 강력한 방법이라고 믿는다. 지금도 책을 그냥 읽기만 하는가? 글을 관찰하고 상상해 보고 스스로 질문해 가는 과정을 통해 깨달음을 얻는 경험을 해보길 바란다. 이러한 행위가 진정한 성장 공부이지 않을까. 무게만 다를 뿐 모든 사람은 보이지 않는 상처를 가슴에 품고 살아간다. 세상 사람들 누구나 나름대로 상처를 지니고 있다는 점을 알게 된다면 자기만의 세상에만 갇혀 동굴에서 나오지 못했던 마음이 녹아내려 비로소 타인의 아픔까지도 이해하는 순간이 온다. 그렇게 타인의 상처를 이해하기 시작하면 그 누구도 미워할 수가 없다. 주관적 감정이 승화되는 것이다. 그러기 위해선 많은 간접 경험을 할 수 있는 책을 만나보는 경험이 치료제가 되어준다. 부담을 주지 않는 가격선에서 치료제를 구할 수 있다는데 마다할 사람이 있을까? 내면으로 들어갈 수 있는 최고의 동행자는 책이다.

나에게 책은 외롭지 않게 친구가 되어주고, 생각을 확장해주며, 감히 바라보지도 못할만한 일을 실행할 수 있게 용기를 준 소중한 친구이자 스승이다. 어느 정도 책 읽기가 익숙해지면 당신의 능력보다 위에 있는 다소 어렵게 느껴지는 책을 읽어 보는 방법 또한 권하고 싶다. 처음엔 하루 만에 읽을 수 있는 쉬운 책만을 읽던 상태이기에 이러한 책을 읽는 것에 거부감과 포기하고 싶은 마음이 들 수도 있다. 하지만 당신에게 긴장감을 주는 이러한 책을 한 달 동안 집중해서 읽어 본다면 늘 비슷한 책을 한 달에 여러 권 읽는 것과는 다른 희열을 가져다줄 것이다.

독서 모임을 하면서 두 번째로 얻은 깨달음이 있다. 그것은 읽은 책에 관한 생각을 함께 나누는 동안에 얻는 색다른 경험에 관해서이다. 각자의 생각을 나누다 보면 내 생각과는 다른 생각이 있음을 배운다. 서로 다른 걸 문제 삼지 않고 존중하며 각자의 생각을 공유하다 보면 더 넓은 통찰의 경험을 할 수 있다. 이러한 모임의 효과는 긍정적인 행동의 변화와 삶의 변화로 이어진다. 함께 읽고 생각을 공유하는 건 책에 관한 공부뿐만 아니라 함께 하는 사람들과의 삶에 관한 공유까지 이어지기 때문이다.

서로 존중하고 존중받는 분위기 속에서 스스로 존재의 가치를 재발견하는 시간은 무엇과도 바꿀 수 없을 만큼 소중하다. 책은 언제든 우리에게 다가와 용기와 위로를 주고 성장할 수 있도록 길잡이가 되어줄 것이다. 지금 당장 한 권의 책을 만나보자. 당신의 인생을 바꾸어 줄 책은 언제나 당신을 기다리고 있다.

글쓰기로 치유하는 삶

· · ·

나는 언제든 터질 수 있는 시한폭탄 같은 삶을 살았다. 열일곱 살부터 삼 년 동안 계속된 성폭행, 경계선 성격장애로 항상 불안정한 자아, 조울증으로 적절하게 이루어지지 않는 인간관계, 꾸준히 무언가를 할 수 없었던 문제의 커다란 산이 삶을 끊임없이 위태롭게 했다. 결혼 후 가정을 꾸리고 아이를 낳았음에도 나는 행복하지 못했고 매일 손안에 쥐고 있는 생명이라는 마지막을 놓으려 했다. 그런 내가 글쓰기로 새 삶을 살게 되었다. 우연한 기회로 블로그에 나의 감정을 적은 글을 올리게 된 계기로 나는 지금까지도 글을 쓰고 있다. 글쓰기와 관련된 책은 말한다. 독서와 글쓰기는 떨어질 수 없는 관계이고 그 둘은 사람의 마음을 치유한다고.

당신은 이 말을 의심할 수 있다. '고작 글 몇 자 끄적거리는 게 내 상처를 낫게 한다고?','이렇게 고통스러운 마음을 어떻게 치료한다는 건데?' 사람은 자신이 믿는 확신에 관해 바꾸려 하지 않는다. 가치관을 바꾼다는 건 어려운 일이다. 지금 이 글을 읽고 있는 순간에도 당신은 글쓰기의 위대한 힘을 믿으려 하지 않을 수도 있다. 나는 이 치유적 글쓰기를 직접 경험해 본 사람으로서 이렇게 글을 쓰고 있다. 이 글이 세상에 나올 수 있는 결정적 이유 또한 내가 글을 통하여 나의 상처를 보듬을 수 있는 사람이 되었다는 증거이다.

대부분에 사람은 그저 숨 쉬며 아무 목적 없이 살아간다. 피곤한 눈을 비비며 일어나 마치 로봇처럼 기계적으로 일상을 시작한다. 출근을 하고 하루의 일과를 정해진 대로 끝마치고 집으로 돌아와 피곤한 몸과 마음을 돌볼 틈도 없이 잠자리에 누운다. 우리는 모두 별반 다를 게 없는 일상을 보낸다. 하루는 그저 매일 반복된다. 지루하고 평범한 일상은 우리를 권태롭게 만든다. 이렇게 기계적인 삶은 과연 우리에게 즐거움과 행복을 줄 수 있을까?

모두가 이렇게 살아가는 건 아니다. 취미를 즐기고 자신의 원하는 삶을 위해 최선을 다하며 열정적으로 살아가는 삶도 있다. 하지만 한 가지 분명한 건 그 어떤 삶도 완벽하게 행복할 순 없다는 사실이다. 자신의 평온함을 위해 어떠한 노력이든 노력은 필요하다. 그 노력의 한 가지로 나는 독서와 글쓰기를 권하고 싶다. 삶의 무료함을 떨쳐내기 위해 당신의 준비할 준비물은 거창한 것이 아니다. 그저 노트 한 권 정도와 펜 한 자루 아니면 노트북으로 준비는 끝난다. 소소하고 별다를 바 없는 오늘 하루라 해도 있었던 일을 적어보자.

우리가 일기 쓰기를 금방 그만두는 이유는 매일 반복되는 일상을 적는 것에 일기 쓰는 법의 필요성을 느끼지 못하게 되거나 무언가 거창하게 쓰려는 압박감 때문이다. 절대 자신의 하루가 평범하다는 걸 하찮게 생각하지 말자. 우리가 아무렇지 않게 보낸 오늘은 누군가에겐 평범하지 않은 하루일 수 있다. 화려하지 않고, 보잘것없어도 괜찮다. 떠오르는 것을 그냥 편하게 적어보면 된다. 그저 생각나는 대로 무언가 끄적이는 걸로도 좋다. 사소한 일상, 화가 났던 사건, 기분 좋았던 순간, 누군가에게 서운했던 일, 어떤 일이든 떠오르는 대로 생각을 적어보자.

거창하고 대단한 일을 쓰려고 생각할수록 글쓰기는 실행하기 어려워진다. 아는 만큼, 내가 느끼는 만큼만 쓰기 시작하면 된다. 노트에 나의 감정을 짧게라도 기록하는 연습을 통해 내 안의 나와 대화를 나누게 된다. 다스리지 못한 채 뱉어냈던 감정, 상대방을 탓하고 미워하는 마음, 나를 원망하는 모든 감정의 찌꺼기들을 흰 종이에 적어내다 보면 내 마음을 거울처럼 바라보는 연습이 된다. 아마 처음부터 큰 효과를 보지 못했다는 이유로 고작 며칠 정도만 적어보다 그만두는 사람들도 있을 것이다.

단시간 효과를 보지 못했다고 쉽게 이 소중한 방법을 그만두지 않길 바란다. 일기를 적어보는 일 또한 훈련이 필요하다. 꾸준한 연습과 노력이 필요하다는 걸 기억하자. 사람들은 자신의 감정을 표현하는 것이 서툴며 감정을 억누르고 살아야 한다는 생각에 익숙하다. 당연히 며칠 사이에 고착된 습관이 고쳐질 리가 없다. 그동안 표현하지 못하고 살아왔던 감정을 조금씩 인정하며 내면을 온전하게 바라보기 시작한다면 이제껏 보지 못한 성숙해지는 나를 만날 수 있으리라.

힘들어 죽겠다는 사람에게 글을 쓰라는 말은 너무나 터무니없는 조언으로 들릴 수도 있다. 나를 믿고 작은 행동이라도 시도해 본다면 당신은 아마 책에서 읽은 구절을 떠올리며 고개를 끄덕일 것이다. 나는 글을 쓰는 행위로 내 머릿속에 넘쳐나는 쓸모없는 생각에서 헤어 나올 수 있는 탈출구를 발견했으며 정리되지 않는 생각과 내가 행해야 할 목표에 마침표를 찍을 수 있는 굉장한 효과를 보았다. 스트레스가 풀리는 건 물론 불필요한 생각이 줄어들기 때문에 하루의 일과를 처리하는 일에 시간 단축 효과까지 얻었다.

과거의 자신과 그동안의 억눌린 감정의 대면으로 내면의 나와 화해하고 상처받은 영혼을 보듬어 주며 자신을 치유할 수 있는 사람은 자신이다. 여전히 고통스럽다고 울부짖고 있는가? 왜 내 인생은 이 모양이냐며 불평만 쏟아내고 있는가? 내면을 제대로 직면하고 볼 수 있는 힘. 우리에겐 그 힘이 필요하며 그 힘은 나만이 끌어낼 수 있다. 우리는 이 사실을 기억함으로써 지나간 그 시절을 반복하며 살지 않게 된다. 과거와 작별하고 미래를 미리 걱정하지 않으며 현재의 내가 행복할 수 있도록 한 발짝 앞으로 나아가는 내가 되어 보자.

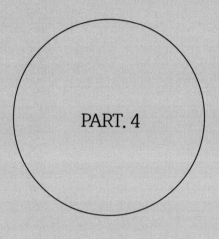

PART. 4

내 인생도 리필이 될까요

나를 바라보시다 눈이 마주칠 때

내 입술과 똑 닮은 입술로 미소 지으시며

"우리 딸 예쁘다." 해주시는 어머니.

나는 그 순간을 가장 좋아한다.

나도 누군가에게 지키고 싶은

너무나 사랑하는 예쁜 딸이라는 사실을

왜 이리 늦게 알게 된 걸까?

내 인생도 리필이 될까요

. . .

나의 **인생**을 **쓰레기** 같은 인생이라고 생각하며 살았던 시간이 있었다. 더 이상 어떠한 노력을 한다 해도 재생 불가능한 쓰레기 말이다. 그만큼 내 인생을 귀하게 여기지 못했고 한 번도 소중하다고 생각해 본 적이 없었다. 인생을 다시 시작하고 싶었지만, 너무 늦었다고 생각했다. 이미 일어났던 과거의 일은 되돌릴 수 없었고 내가 할 수 있는 건 그저 세상 탓, 남 탓이었다. 거기에 후회는 언제나 덤으로 찾아왔다. 푹푹 내쉬는 한숨에 머리와 가슴은 온통 치유되지 않은 상처가 얼굴을 내밀었다.

사람답게 남들 사는 만큼이라도 살고 싶었다. 아니 그만큼은 못되더라도 그저 사람 구실 하며 내 한몫하면서 숨 쉬고 싶었다. 그런 말이 있다. '그렇게 살 거면 후회하지를 말고 후회할 거면 그렇게 살지 말라.' 더 이상 내 삶을 후회하면서 살고 싶지 않았다. 살려고 하니 내 안의 상처가 더 도드라져 보였다. '나 좀 봐줘. 나 많이 아팠다니까. 나 좀 치료해줘.' 늦은 관심에 서운한 듯 상처는 자기를 봐달라고 소리치고 있었다. 나는 내 상처를 모른 척했다. 어떻게 돌봐줘야 할지 알지 못했다. 그저 멀리서 자연스럽게 나아지기만을 바라며 나 자신을 고통 속에서 살도록 내버려 두었다.

몰입의 놀라운 힘

나는 이러한 삶을 몰입으로 치유할 수 있었다. 몰입하게 되면 우리는 아무 소리도 듣지 못하며 시계만 쳐다보던 무의미한 시간이 10분처럼 흘러간다. 어떠한 일에 빠져본 사람은 알 것이다. 그 시간이 주는 열정적인 모습과 보람의 순간을. 그 몰입의 순간을 즐길 수 있었던 건 그저 나만의 시간을 있는 그대로 받아들였기 때문이다. 완벽해지기 위해서가 아닌 누군가와 비교하여 성공하기 위해서가 아닌 그저 나라는 사람의 시간을 순수하게 보냈다. 행복했다. 그 시간이 너무 소중했기에 몰입할 수 있었다고 믿는다.

충분히 실패할 수 있음을 인지하고 그 실패를 감수하고도 할 수 있는 소중한 일이 누구에게나 있다. 나에게 그런 일 따윈 없다고 생각한다면 일을 실행하기에 앞선 두려움 때문일지도 모른다. '제대로 해내지 못하면 어떻게 하지?', '내가 이런 걸 해도 되는 사람인가?', '결국 실패하겠지?', '남들이 보기에 우스워 보이진 않을까?' 당신의 머릿속에 셀 수 없이 많은 생각이 들어앉아 있을 것이다. 이는 앞으로 나아가지 못하게 가로막는 벽이다.

당신에게 실패란 어떤 의미인가? 실패를 성공의 반대말로 생각하고 있을지도 모른다. 실패는 그렇게 단순하지 않다. 그저 성공의 반대말로 쓰일 정도로 실패는 간단하지도 않으며 하찮게 쓰일만한 말도 아니다. 실패가 없다면 성공도 없다. 아니 굳이 성공을 말하지 않더라도 실패는 우리가 살아가는 인생에선 없으면 안 될 소중한 경험 그 이상이다. 실패함으로써 우리는 많은 경험을 할 수 있으며 내 안의 감정에 대해서도 배워갈 수 있다. 완벽을 추구하기보다는 남들은 할 수 없는 나만의 소중한 경험을 쌓아가자. 소중한 일을 해내고 몰입의 즐거움을 경험하며 행복한 현재를 살아가자.

당신의 모든 감정은 곧 당신 자신이다

사람은 옳다는 생각과 행동을 하기도 하지만 그렇지 못한 상황이 더 많다. 잘못된 판단을 하기도 하며 때로는 후회가 앞으로의 삶에 좋은 영향을 주기도 한다. 내가 한 행동과 실수는 잘못되었을지언정 나 자신은 잘못되지 않았다는 확신은 자신에게 믿음을 준다. 이는 내가 가야 할 길을 열어주는 힘이 된다. 내가 내 편이 되어주는 건 고단한 삶을 살아가기 위해 가장 필요한 부분이다. 내가 그동안 선택해온 모든 것에 있어서 다 그만한 이유가 있다고 생각한다. 당신의 마음을 인정하고 앞으로의 선택에 대한 믿음을 끝까지 놓지 않는 것, 현재 우리에게 가장 필요한 건 그 마음이 아닐까?

사람들은 긍정적인 감정과 부정적인 감정을 나누고 긍정적인 감정만을 좋은 감정이라고 판단한다. 하지만 좋은 감정만 있다고 우리가 행복할까? 좋은 감정만이 우리를 앞으로 나아가게 하는 원동력이 되어주는 걸까? 이는 깊이 생각해 볼 필요가 있다. 부정적인 감정이 도움이 될 때도 있다. 부정적인 감정이 우리에게 올 때 우리는 그 감정을 부정하려 들고 무시하려 든다. 무조건 떨쳐내야 하는 감정으로 받아들인다. 하지만 우리는 그러한 감정 신호를 들여다보고 왜 그러한 감정이 들었는지를 살펴보아야 한다. 그렇게 부정적인 감정을 따라가 깊이 파고들면 근본적인 해결책을 찾을 수도 있다.

우리의 모든 감정은 존중받아야 하며 그 감정이 곧 나 자신임을 인정해야 한다. 불안은 우리에게 힘겹고 버거운 존재이지만 우리에게 슬프고 불안하고 우울한 감정은 언제든 따라다닐 수 있는 감정이다. 벗어나고 싶어 한다 해도 영원히 벗어날 수 없는 감정이다. 열심히 노력하고 행복을 위해 모든 걸 바친다면 과연 이러한 감정에서 벗어날 수 있을까? 그렇지 않다. 인간은 누구나 이러한 감정을 느끼며 살아가게 되어있다. 받아들이는 자세에 차이만 있을 뿐이다. 그 차이에서 삶의 질이 달라진다. 피하는가, 받아들이는가. 그 차이는 확연하게 다르다.

이제 자신의 마음과 내면의 소리에 관심을 기울여 보자. 아무도 삶을 대신 살아 주지 않는다. 내 인생의 주인공으로 살지, 말지를 결정하는 건 나 자신이다. 삶을 타인에게 맞추지도 말고 비교하지도 말자. 비교 대상이 될 수 있는 건 과거의 나뿐이다. 어제의 나보다 나아졌다면 그것만으로 충분하다. 이제 모든 소리는 무시하라. 그저 당신의 마음의 소리만을 따라가자. 당신이 태어난 이유는 당신만의 길이 있기 때문이다. 그저 당신만의 길을 가라.

느림의 미학

· · ·

이 에피소드는 지극히 주관적인 경험에서 나온 이야기이다. 조울증을 치료하는 한 사람의 경험담으로 참고만 해주길 바란다.

응급실을 전전하다 제대로 정신과를 다니게 된 후 병이 금방 나을 수 있을 거라 기대했다. 방문하게 된 지 얼마 되지 않았던 어느 진료 날, 선생님 앞에서 울부짖으며 거의 빌다시피 말했다.

나 "선생님 저 나을 수 있을까요? 저 좀 낫게 도와주세요. 약을 먹으면 나아지긴 하는 걸까요? 선생님 너무 힘들어요. 살고 싶어요. 저 좀 살려주세요."

숨을 헐떡거리며 눈물을 흘리는 나를 바라보시던 선생님의 얼굴이 아직도 생생하다. 선생님은 환하게 웃는 얼굴로 말씀하셨다.

선생님 "제가 지금까지 힘들게 했던 이 병 꼭 낫게 해 드릴게요. 약속하겠습니다. 절 믿으세요. 꼭 나으실 수 있으세요."

그 한마디에 지독히도 고통스러웠던 지난날이 한순간에 사라져 버릴 듯한 희망이 반짝거렸다. 그날의 약속을, 그리고 선생님을 나는 전적으로 믿었다. 병원에 약을 처방받으러 갈 때마다 유일하게 나의 모든 이야기를 공유했고 슬픔을 언어로 표현할 수 있게 되었다. 하지만 약을 계속 조절해도 증상은 호전되지 않았다. 상태가 더 안 좋아지자 불면증까지 생기게 되었고 선생님은 강한 수면제를 처방해주셨다.

이때가 처음으로 약을 먹은 걸 후회했던 때로 기억한다. 처음 받아온 수면제는 너무 강력했다. 복용하고 나면 마치 전신마취를 한 상태처럼 금세 정신이 몽롱해져 버렸다. 순식간에 스르륵 잠에 취했다. 수면 상태에 들어가고 나면 주변의 어떠한 소리에도 깨지 않았고 알람 소리도 듣지 못했다. 그렇게 자고 일어나면 아침까지도 잠이 덜 깨 비틀거리는 모양새가 되었다. 그런 생활을 일 년 정도 하게 되면서 수면제에 익숙해지자 수면제 없이는 잠을 전혀 잘 수 없는 상태가 되었다.

쉽게 잠드는 방법을 알게 되니 잠이 조금만 오지 않아도 견디질 못했다. 안절부절못하며 불안해하는 감정이 견디기 힘들어 끊거나 줄이지 못하고 다시 원래 먹던 용량의 약을 계속해서 복용하는 악순환을 반복했다. 지금 생각하면 참 미련했다. 무엇이 그리 급했을까? 치료라는 건 환자의 상태를 조금씩 관찰하며 환자에게 맞는 약을 찾아가는 긴 여정이 아닌가. 주치의 선생님을 잘못 만난 것인지 힘든 게 싫은 욕심에 강한 약을 선택함으로써 부작용을 겪게 된 것인지는 잘 모르겠다. 언급하기엔 조심스러운 부분이기 때문에 결론을 굳이 내리자면 병원과 환자인 나와의 관계가 서로 맞지 않았던 부분이라고 생각하려 한다.

결국 내 첫 주치의 선생님은 나를 낮게 할 수 없다며 다른 병원으로 옮기길 권유하시면서 소견서를 써주셨고 급하게 병원을 찾아간 날에도 왜 다시 병원에 찾아왔냐며 냉랭한 모습을 보이셨다. 그때가 치료 기간 중 가장 상처를 많이 받았던 때였다. 병이 나을 거라는 믿음이 점차 사라지고 있었다. 그럼에도 약을 끊지 않은 이유는 자의적으로 복용하는 약을 끊게 되면 더욱 심각한 증상이 발현된다는 이야기를 들었기 때문이었다. 대학병원으로 병원을 옮겼고 그곳에서라도 어떻게든 병원과 약에 정을 붙여야 했다. 꾸준하게 병원에 갔고 빠트리지 않고 약을 챙겨 먹으려고 노력했다. 옮긴 병원에 계신 주치의 선생님은 진심으로 내 이야기에 귀 기울여주셨다. 선생님과 이야길 할 땐 마음이 고요해지면서 편안했고 안정되는 기분이 들었다.

점차 차분하게 대화할 수 있는 상태로 좋아지는 모습을 나 자신도 느낄 수 있었다. 이 세상에 내 편이 한 사람은 있다는 믿음도 생겼다. 너무 맹신적으로 병원과 주치의 선생님을 믿는 것은 좋지 않을 수 있지만 어느 정도 적정선에서의 믿음은 치료에 도움이 된다고 생각한다. 그렇게 옮긴 병원에서 2년이 넘는 시간을 상담과 약을 병행하고 있다. 선생님은 욕심내지 않으셨고 천천히 나의 상태와 증상을 물어보시며 조금씩 약을 조절해 주셨다. 그 덕분인지 많이 호전되어 일상생활이 가능해졌다. 치료받는 동안에 자신에게 맞는 병원과 선생님, 그리고 약을 찾는 건 사막에서 바늘을 찾는 것만큼 어려운 일일지도 모른다. 하지만 마음을 급하게 먹지 말자. 급할수록 돌아가라고 하지 않는가.

'인생의 성공은 속도에 있지 않고 방향에 있다.'라는 말이 있다. 난 이 말을 이렇게 바꾸고 싶다. '치료의 성공은 속도에 있지 않고 방향에 있다.' 남들보다 좀 더딘 것 같아도 올바른 방향으로 가고 있다면, 성공적인 치료로 향하는 길이 열리고 있는 게 아닐까? 사람들은 늘 쫓기듯 급한 마음으로 살아간다. 아픈 사람들의 마음은 더 급하다. 빨리 나아야지만 일상생활도 하고 닿을 수 없을 것 같은 행복도 잡을 수 있기 때문이다. 이럴 때일수록 가속페달을 밟고 질주할 게 아니라 내가 어디로 가고 있는지, 내 삶을 어떤 마음가짐과 에너지로 달려 나갈 수 있을지 되돌아보고 올바른 방향을 잡는 것이 중요하다. 노력하여 무언가를 얻는 행위보다 더욱 힘든 건 잃어버린 것을 회복하는 것이다. 우린 상실된 건강을 회복하기 위해 긴 여정을 떠나야만 하는 사람들이다. 하루아침에 고통이 낫는 마법은 존재하지 않는다. 무엇이든 천천히 탄탄하게 쌓아야 무너지지 않는 법이다. 치료에도 느림의 미학이 필요할 때이다. 자 이제, 밟고 있는 가속페달에서 발을 떼자. 천천히, 그러나 포기하지 않고 끝까지 함께 가보자. 사막에 바늘을 찾으리!

상처 입은 내면의 아이와 만나는 시간

. . .

우리가 살아가고 있는 세상은 불완전하다. 이런 세상에 살아가는 우리 또한 불완전한 존재이다. 아이를 낳고 키워보기 전까진 이 명확한 사실을 알지 못했다. 완벽한 존재가 되기 위해 언제나 나 자신, 타인, 세상과 싸워가며 살아가야 한다고 생각했다. 너무도 어린 나이에 시작된 우울증에도 나는 내가 상처 입은 아이라는 걸 몰랐다. 당연히 그렇게 살아야 하는 줄 알았다. 모든 부분에 취약했던 유년기엔 부모와 안정적인 애착을 갖지 못했고 십 대의 나이가 되었을 때도 아이답지 않게 어두웠다.

유년기 시절의 아이와 엄마의 애착 형성은 굉장히 중요하다. 애착 대상이 분명해야 하며 애착 형성이 제대로 이루어지지 않으면 성격에 문제가 생길 수 있기 때문이다. 그 문제로 성격장애가 오게 되면 아이는 성인이 돼서까지도 고착된 자신의 여러 가지 문제로 힘든 인생을 살아갈 확률이 높다. 엄마와의 애착 형성이 제대로 이루어지면 아이는 세상이 두렵고 안전하지 못한 대상이 아닌 나를 위협하지 않는 안전한 곳으로 생각할 수 있으며 어떠한 외부 자극에도 스스로 헤쳐 나갈 힘을 가지게 된다.

　부모님이 잦은 다툼, 행복하지 못한 가정환경으로 인해 나의 십 대는 늘 어두웠다. 무표정에 그늘진 얼굴을 하고 돌아다녔으며 매사에 의욕이 없고 사람에게 관심과 애정도 없었다. 그런 내가 성폭행을 겪는 일까지 벌어지면서 더욱 세상을 살아가야 할 의미를 잃어갔다. 아니 더 잃을 만한 게 없었다. 모든 외부 자극에 불안했고 남한테 거절조차 하질 못했다. 상대방이 원하는 사람이 되어야 했다. 그것만이 나를 지키는 방법이라고 생각했다. 어디에 소속되든 착한 사람이 되려고 노력했다, 어떤 일이든 먼저 나서서 해결하는 것에 익숙했다. '모두가 날 좋아해야 해. 내가 착하고 성실해 보이면 모두가 나에게 관심 가져 주겠지. 좋아해 주겠지.' 내 머릿속엔 늘 관심 대상이 되길 바라는 마음뿐이었다. 상대의 관심에 집착했다.

　상대의 관심은 나에게 일시적인 안정감을 주었다. 하지만 나는 그 안에서 점점 더 나를 잃어갔다. 아무런 감정도 없는 사람처럼 타인의 꼭두각시 같이 사는 삶을 꽤 오래 버텨냈다. 상대가 피임을 제대로 하길 원치 않을 땐 거기에 의견을 달 수 없었고 한 번의 실수가 반복되면서 나는 여러 번 임신을 경험했다. 열일곱 살, 삼 년 동안 끌려다니던 성폭행 과정에서 나는 첫 임신을 하게 되었다. 그 이후로도 상대의 말에 거부할 수 없는 문제로 피임을 제대로 하지 않는 날이면 어김없이 임신이 되었다. 지금 생각하면 참 어리석은 짓이었는데 그때의 나는 너무 바보 같았다. 나 자신을 아끼고 지키는 방법을 몰랐다.

이십 대 중반 남편을 만나 연애할 때의 일이다. 남편은 나보다 나이가 많았고 결혼을 전제로 만날 사람을 사귈 나이라고 말했다. 마음속엔 늘 잦은 중절 수술 경험이 있던 내 모습을 숨기고 있다는 죄책감이 컸다. '이렇게 계속 만남을 이어가다 결혼하게 되면 어쩌지? 임신이 더 이상 되지 않으면 그땐 뭐라고 말을 해야 하지?' 잦은 낙태로 인해 몸이 많이 상해서인지 나는 자주 아팠고 그럴 때마다 늘 불안했다. 그러던 어느 날 친구와 술을 한잔하며 이 일에 관해 조언을 구했다.

"남자친구가 아직 내 과거를 몰라. 이러다 정말 결혼하게 되면 어떻게 하지? 임신이 되지 않으면 어쩌지? 그때 가서 이 이야길 하면 내가 거짓말하고 만난 게 되잖아. 완전 사기 결혼이잖아. 그런데 내가 이 얘길 털어놓으면 날 떠날까 두려워."

나는 두려웠다. 그런 이유에서 버려진다는 걸 감당할 자신이 없었다. 머리로는 당연히 이해하고 있었다. 내 머릿속엔 나를 부정하고 자책하는 온갖 부정적인 말로 가득했다. 자신이 없었다. 제대로 살아갈 자신도 그런 과거를 내가 선택하고 만들어왔다는 생각도 나를 매일 자책하는 나 자신도 모든 게 자신이 없었다. 친구와의 대화 중 더 이상 안 되겠다는 생각에 자리를 박차고 나왔다. 남편을 만나 당장이라도 얘길 해야겠다는 충동이 들었다.

'그래, 지금 아니면 말할 기회가 없을 거야. 지금 말하러 가자. 지금이 기회야. 내가 싫어진다고 해도 어쩔 수 없어. 그 사람을 더 상처 주는 것보단 그게 나아.' 나의 과거를 털어놓는 것도 그 사람에겐 상처가 되겠지만 숨긴 후 벌어질 일이 더 큰 상처가 된다는 것을 알기에 결정해야 했다. 이 사람을 놓치긴 싫었고 먼저 떠나기도 싫었다. 그에게 선택지를 줘야만 했다. 늦은 밤이었지만 남편은 나와주었다. 안절부절못하는 내 모습에 남편은 걱정해주었고 결국 이야기를 털어놓았다.

"내가 사실은 중절 수술 경험이 많아. 내 몸이 소중한지 몰랐고 조심하지 못했어. 그래서 같은 잘못을 반복했어. 아직도 그 죄책감에 힘들어. 병원에선 내가 너무 많이 경험했기 때문에 임신하지 못할 수도 있다고 얘기하셨어. 그래서 말인데 당신이 이런 나를 이해할 수 없다면 지금 끝내는 게 맞는 것 같아. 생각해보고 답을 줬으면 좋겠어."

그 이야기를 하면서 나는 하염없이 흐르는 눈물을 닦아내며 숨죽여 울어야 했다. 남편은 그런 나를 안아주며 괜찮다고 말해 주었다. 말없이 따뜻하게 안아주는 남편의 모습에 이 사람과는 결혼해도 괜찮겠다는 생각이 들었다. 마음이 진정되면서 안정감을 느꼈다.

언제 어떤 식으로 내 안에 상처와 그로 인한 문제들이 생겼든 해결의 열쇠는 내 안에 있다. 나와 같은 사람들은 같은 실수와 고통이 반복되더라도 그 문제에 대해 생각하거나 해결방안을 찾지 않는다. 모든 상황이 자기 잘못이라고 생각하며 괴로워하고 자책하는 시간을 보낸다. 우리는 모두 불완전한 인간이기에 본인이 의지와 상관없이 상처나 트라우마가 생기기도 한다. 모든 일을 자신의 탓이라고 여기며 자신을 미워하고 증오하는 태도는 사랑받지 못한 어린 시절의 트라우마로부터 시작되는 경우가 많다.

슬프고 안타까운 일이지만 우리에겐 시간을 과거로 돌릴 수 있는 마법 같은 힘이 없다. 이미 일어난 일은 되돌릴 수 없다. 죄책감과 자책감이 반복되면 결국 스스로 상처를 입힌다. 우리를 자유롭지 못하게 만드는 족쇄는 스스로 만드는 것이다. 살아가면서 겪게 되는 어쩔 수 없는 환경과 내 의지로 조절 불가능한 문제로 힘든 순간은 누구에게나 있다. 하지만 그 과거의 아픔을 놓지 못하고 흘려보내지 못한 채 현재의 시간까지 고통을 끌고 온 주체는 우리 자신이다. 과거의 실수와 고통에 대한 자책으로 앞으로 나아갈 수 없게 내 앞길을 막고 발목을 잡는 사람은 나다.

나를 알아가는 과정은 큰 용기가 필요하다. 나의 과거를 받아들이

자. 나 또한 완벽할 수 없는 존재이기에 이러한 일이 벌어진 것이고 앞으로는 같은 일을 반복하지 않으려고 변화하는 모습을 만들어 보겠다는 마음 하나면 된다. 그 용기는 나를 괴롭히는 많은 괴로움과 속박에서 벗어날 힘을 준다.

삶이 늘 아름답지는 않다. 하지만 나를 알아가면서 내 안에 불안의 실체를 마주하고 치유해나가는 과정에서 죽고 싶은 이유보다 살아갈 만한 이유를 하나라도 더 발견하는 순간이 모여 구원이 된다. 충분히 슬퍼하고 아파하는 건 시간 낭비가 아니다. 그러한 과정을 통해 우리는 분명 더 강하고 깊은 존재로 성장해 나갈 것이다.

우리는 상처받는 것에 너무 큰 의미를 부여한다. 상처를 너무 크게 받아들이고 나에게만 일어나는 특별한 것으로 볼수록 과거에 발생한 상처의 악순환에서 벗어나기 힘들어진다. 상처를 언제 어디서든 일어날 수 있는 일상적이고 보편적인 일로 받아들이는 자세가 필요하다. 아픈 과거와 제대로 직면하자. 그 순간의 기억을 보듬어 주고 살펴주자. 상처 입은 내면의 아이는 당신을 기다리고 있을 것이다.

단순하게, 더 행복하게

• • •

육아로 우울증이 심각할 때 나의 미니멀리즘이 시작되었다. 주변을 살펴보니 물건들이 가득했다. 거실에 있는 전면 책장은 온갖 책이 가득 채워져 있었고 아이들 방은 장난감으로 발 디딜 틈도 없었다. 입지도 않는 옷은 옷장이 터질 듯이 걸려있었다. 숨이 막히는 기분을 느꼈다. 잡다한 물건들을 보고 있자니 머릿속까지 어지러웠다. 자신을 괴롭히는 물건들의 공격을 체감한다면 바로 그때가 변화에 도전할 때이다.

도저히 이건 아니라는 생각이 들었다. 곧장 도서관을 방문하여 미니멀리즘과 관련된 여러 권의 책을 빌려왔다. 미니멀과 관련된 인터넷 카페가 있다는 걸 알게 된 후엔 카페에도 가입하는 열정을 보였다.

그날부터 미니멀에 관해 공부했다. 카페 활동을 해본 결과 많은 사람이 나와 같은 우울증을 겪고 있었고 그 우울증을 치료하는 방법으로 물건을 버리고 정리하는 행위를 실행하고 있다는 사실을 발견했다.

바쁜 현대 사회를 살아가면서 우린 정작 자기의 삶을 제대로 살지 못하고 있다. 삶은 점점 더 복잡해지고 있으며 남들이 살아가는 대로 뒷모습만을 쫓는 삶을 살아간다. 그러한 삶을 살도록 사회는 등을 떠민다. 보편적인 삶의 속도에 쫓겨 정신없이 하루를 보내고 나면 어느새 24시간은 없다. 감당할 수 없는 정신상태에 이르게 되면 더 이상 일어날 기력조차 없게 되고 우울해진다. 그렇게 우울증이 시작된다.

집이 물건으로 차고 넘치면 과연 우리는 나에게 집중할 수 있을까? 바쁜 일정과 정신적 부담에 치이며 살아가고 넘쳐나는 생각으로 머리가 이상해질 지경이라면, 우린 자신이 내면을 제대로 바라볼 수 있을까? 내면이 혼란스러움에 나는 정신을 차릴 수가 없었다. 당장이라도 미쳐버리는 건 아닌지 걱정이 될 정도였다. 그때 나를 새로운 삶으로 인도해준 건 책을 통해 알게 된 단순한 삶에 대한 기대감이었다.

제일 먼저 해야 할 원칙으로 버리기에 관한 이야기가 많았다. 물건을 버리다 보니 알게 되었다. 이미 가득 차 있는 상태에서는 아무리 정리해도 정리가 되지 않는다는 것을. 필요 없는 물건들을 버리고 비우기 시작해야 비로소 물건의 정리가 되는 즉, 집이 깨끗해지는 효과를 볼 수 있다. 그렇게 물건을 기증하고 팔고 버리는 행위를 계속 시도했다. 신기하게도 몸과 마음이 개운해지는 걸 느꼈다. 체한 속에 배를 부여잡고 있다가 소화제를 먹고 나서 언제 그랬냐는 듯 트림이 나올 때의 느낌과 흡사했다. 뭔가 해냈다는 성취감을 느낄 수 있었다.

나에게 '필요한 물건', '필요하지 않은 물건'을 나누는 작업을 시작하는 건 처음엔 시도하기 무척 어려울지도 모른다. 그럴 땐 깔끔하게 정돈된 당신의 공간을 상상해보자. 망설여지는 순간에 반짝반짝 정돈이 잘 된 나만의 공간을 상상해본다면 마음을 청결하게 해주는 대에 으뜸인 이 방법을 도전해보지 않을 수 없을 것이다. 이 글을 읽고 있는 지금 당신의 방은 어떤 상태인가? 당장 주변을 살펴보라. 내가 있는 공간이 청결해야 몸과 마음의 안정에 도움을 줄 수 있다.

나는 집을 치우고 나니 귀찮아서 씻지 않고 싶던 마음까지도 '이제 내 몸도 씻어야지!'라는 생각으로 바뀌었다. 집이 더러우면 어쩐지 기운이 없다. 기운이 없으면 아무런 의욕이 들지 않고 무기력해져 잠만 자게 되는 악순환이 반복된다. 버리기가 처음이라 너무 힘겨운 이들에게 팁을 주자면 큰 부분부터 해야 한다는 욕심을 버리는 것이다. 작은 것부터 조금씩 시작하면 된다.

내 옆에 있는 쓰레기만 치우는 것으로 시작해도 되고 너무 낡아 5년, 10년 이상 쓰지 않던 물건들을 서서히 치워도 된다. 명심할 것은 우리는 한 번에 다 치웠다가는 번 아웃이 와서 다시 드러눕기를 반복할 수 있기에 한 번에 에너지를 다 쏟지 않아야 한다. 나의 경우 한 번

날을 잡아 몰아서 하는 타입이지만 그 버릇이 오히려 악영향으로 번아웃이 바로 왔다. 앓아눕기의 연속이었다. 우선 한 곳만 정해서 '몇 초'라도 치우기를 시도해보자. 몇 초라도 상관없다. 자신이 할 수 있는 시간만큼만 정해서 실행하면 된다. 가장 중요한 건 작은 것부터 실행하기이다.

우리는 현재 아무것도 하지 못하고 누워만 있는 우울증 상태이다. 다른 사람의 생각이나 시선은 신경 쓰지 말고 오늘 내가 얼마나 해내느냐는 내가 정하고 내가 끝내자. 그렇게 한 구역을 끝낼 때마다 서서히 자신감이 붙을 것이다. 물건을 버리고 소비를 줄이는 게 미니멀리즘이라고 생각하는 사람들이 있다. 하지만 그렇지 않다. 나에게 중요한 건 남기고 불필요한 부분을 줄이면서 인생에서 가장 중요한 걸 생각해보는 시간을 갖는 것이다. 인생에서 가장 중요한 걸 떠올려 볼 때 물건을 먼저 생각하는 사람은 없기 때문이다. 비우는 인생에 브레이크가 걸릴 때마다 이 모든 걸 처음 시작했던 그때를 떠올려 보자. 그 첫 마음가짐을 다시 생각해본다면 지속할 수 있는 에너지가 생겨난다. 앞서 말했던 버리기와 비슷한 청소법 하나를 추가로 말하자면 청소를 시작할 때 크게 구역을 정해서 하거나 한 번에 끝까지 하는 것이 아닌, 처음부터 청소 구역을 쪼개서 하는 방법이다. 책상 위, 필통, 책꽂이 등 작은 것부터 시작하는 게 좋다. 그렇게 작은 부분부터 정리하다 보면 어느 순간 '내일은 어디를 치워볼까?' 하는 긍정적인 에너지가 올라온다.

　우리에게 청소와 정리는 굉장히 어려운 일이다. 심각한 우울증을 경험해 본 나는 그 마음을 깊이 이해한다. 아직도 집이 더러울 때가 자주 있다. 그럴 때 나는 이 방법들을 조금씩 실행하면서 몸과 마음을 개운하게 비운다. 우리에게 필요한 것은 다른 사람들이 기대하는 삶을 사는 것이 아니다. 나의 내면의 소리에 귀를 기울이고 자신에게 집중하는 삶을 사는 것이다. 그것이 진정한 미니멀리즘이 아닐까?

우리 딸, 예쁘다

. . .

어머니는 내게 천사 같은 존재셨다. 어릴 때부터 나는 자주 아픈 아이였고 열이 펄펄 끓는 열감기가 오면 사지를 벌벌 떨며 긴 밤을 보내야 했다. 그렇게 격렬하게 아픈 밤이면 늘 어머니는 종일 직장에서 쌓인 피로를 참으시며 잠도 주무시지 못한 채 밤새 물수건으로 나의 열을 식혀주시곤 했다. 매번 열감기가 오면 고열에 정신을 못 차리고 끙끙 앓는 소리만 계속 내었다. 그런 나의 신체 곳곳을 정성스럽게 닦다 다시 물수건을 따뜻한 대야의 물속에 담그시고 그 힘없는 손에 잔뜩 힘주어 물기를 짜내기를 반복하셨다.

그렇게 아침이 오고 나면 내 얼굴은 앓던 사람 같지 않은 상태가 되어 쌩쌩해진다. 핏기가 돌아온 내 얼굴과는 다르게 어머니의 얼굴은 검은 피부가 더 검어지시고 눈두덩이는 더욱 무겁게 내려앉았다. 아이를 낳기 전 처녀 시절엔 그 고된 새벽이 얼마나 힘든 시간인지 가늠하지 못했다. 자꾸만 감겨오는 눈꺼풀을 억지로 치켜뜨며 아이는 괜찮은지 뜬눈으로 밤을 지새우는 엄마의 삶을 그땐 알지 못했다.

물수건을 잡은 손은 쉴 새 없이 움직이느라 손목에서부터 팔 근육까지 저려온다는 걸 물수건을 잡아본 적 없던 나는 알 수 없었다. 첫 아이를 낳고 키우면서 아이들이 얼마나 자주 오랫동안 감기를 달고 사는지 알게 된 나는 수시로 절망했다. 아이가 아픈 날이면 다음날까지 제대로 잠을 청할 수가 없으니 다크서클이 턱 밑까지 내려올 지경이었다.

아이의 고열에 대한 두려움은 겪어 본 사람만이 알 것이다. 시간 간격을 두고 열 체크를 하면서 팔에 힘도 안 쥐어지는 비몽사몽인 상태로 물수건을 힘껏 짜내 아이의 몸을 연신 닦아줘야 한다. 이게 사람이 할 짓인가 싶은 순간이 한두 번이 아니었다. 그래도 나는 엄마니까 해야만 했다. 아무리 귀찮아도 아무리 하기 싫어도 아이를 보살피고 지켜야 하는 나는 엄마였다.

아이가 처음으로 고열로 아팠던 날 나는 처음으로 컴컴한 방 안에서 꾸벅꾸벅 졸음과 싸우시며 내 이마를 닦아주시던 어머니를 떠올렸다. 오로지 딸을 지켜내려는 그 마음 하나로 얼마나 많은 세월을 잠을 포기하시고 쓰러질듯한 졸음을 이겨내셨을까. 아플 때면 사람들은 어머니를 떠올린다. 어린 시절의 보살핌과 사랑이 무의식에 남아 어머니의 사랑을 그리워하고 원해서이지 않을까. 내 인생 가장 큰 트라우마를 남긴 열일곱살 사건 당시 어머니는 나를 그 악마에게서 떼어내려고 안간힘을 쓰셨다. 나는 무언가에 홀려 조종당하는 사람처럼 그에게서 벗어나지 못했다.

지금 생각해 보면 그때의 나는 정상적인 사고 자체가 불가능한 상태였다. 되레 어머니에게 폭력적인 말과 행동을 보이기 시작했고 부모님께 해선 안 될 언어폭력을 행세하기도 했다. 불쑥불쑥 튀어나오는 모든 화를 어머니에게 쏟아부었다. 그 악마에게 끌려다닌 기간은 열일곱에서 스무 살이 된 직후까지 정확히 삼 년이었다. 그 처참한 세월 동안 나는 그의 아이를 두 번이나 임신했다. 태어나 처음 임신했을 때 나는 겨우, 매일 아침 교복을 입고 학교로 향해야 하는 고등학생이었다. 아이를 낳고 싶었다. 임신 테스트기의 두 줄을 바라보며 아이를 낳으려면 집에서 도망쳐 나와야만 한다는 결론을 내렸다. 어머니가 거실에서 집안일을 하시는 동안 몰래 방으로 들어가 조용히 짐을 챙기고 있을 때였다. 방문을 열고 들어오는 인기척에 화들짝 놀라 문 쪽을 쳐다보았다.

"너 지금 뭐 하는 거야? 뭘 어떻게 하려던 거야. 말해봐. 어서!!"

나는 갑자기 들이닥친 예상치 못한 상황에 당황했다. 어머니의 말에 할 말이 없었다. 입을 꾹 다문 채 계속 대답하지 못하자 어머니의 눈에는 그렁그렁 눈물이 맺혔다. 나는 그 분위기가 너무 불편했다. 그저 허공을 바라보다 불안한 마음을 진정시키려고 애꿎은 손만 만지작거렸다. 어머니는 나에게 대답을 들을 수 없다고 생각하신 건지 말을 이어가셨다.

"너 지금 임신한 거 다 알아. 도대체 집을 나가서 어떻게 하려고 그래. 너 이제 겨우 고등학생이야. 고등학교 졸업이라도 했어야 아이를 낳든 하지!! 지금 네 상황에서 어떻게 아이를 낳고 키우니? 애가 애를 어떻게 낳아!!"

어머니는 끝내 눈물을 보이셨다. 하지만 이상하게 슬프지 않았다. 그냥 그 상황에서 도망치고 이 문제를 빨리 끝내고 싶다는 생각뿐이었다. 울고 있는 어머니를 그 자리에 두고 얼른 짐을 싸서 집에서 나가고 싶었다. 어머니는 나를 설득하셨다. 도대체 내가 임신한 걸 어떻게 알았냐고 캐묻는 말에도 절대 대답해 주지 않으셨다. 어머니의 계속되는 설득에 결국 아이를 포기하게 되었다. 어머니와 병원에 갔고 수술이 끝날 때까지 어머니는 대기실에서 기다려주셨다. 수면마취는 몽롱하면서도 아주 불쾌한 기분이 들었다.

불쾌한 기분이 짙어질 틈도 없이 어느새 나는 잠들어 있었다. 모든 상황이 끝난 후 잠에서 깨어난 나는 회복실에서 배를 움켜쥐고 울부짖었다. 임신 초기 상태임에도 불구하고 아이를 볼 수 없냐며 울고불고 말이 되지도 않는 소릴 하며 난동을 부렸다. 딸이 첫 아이를 보내고 미친 사람처럼 울부짖는 모습을 본 어머니의 마음은 어땠을까. 심장이 갈기갈기 찢겨 형용할 수 없을 만큼 아프고 또 아팠으리라.

　나는 여전히 어머니를 살뜰히 잘 챙기는 딸은 아니다. 이상하리만큼 가족들에게는 무뚝뚝하게 굴고 부모님에 대한 사랑과 애착도 느끼지 못하며 살아왔다. 그렇게 나는 죽기 직전까지도 이렇게 살다 갈지도 모르겠다. 사람이 갑자기 변하면 안 된다는데 치료가 잘 되어가고 있는 것인지 올해 가을은 조금 이상하다. 그렇게 어머니가 그립다. 어머니 생각에 가슴이 아프다. 나를 바라보시다 눈이 마주칠 때 내 입술과 똑 닮은 입술로 미소 지으시며 "우리 딸 예쁘다." 해주시는 어머니. 나는 그 순간을 가장 좋아한다. 나도 누군가에게 지키고 싶은 너무나 사랑하는 예쁜 딸이라는 사실을 왜 이리 늦게 알게 된 걸까?

충분히 괜찮은 엄마

· · ·

꽤 오랜 시간 나를 자칭 '불량 엄마'라고 생각해 왔다. 아이들이 어렸던 세 살까지는 나도 완벽한 엄마 콤플렉스, 좋은 엄마 콤플렉스에 빠져 무조건 헌신하는 엄마의 모습을 하고 있었다. '무조건 모유 수유를 해야 해!', '아이에게 말을 많이 걸어줘야 해.', '이유식은 무조건 엄마 손으로 만들어야지.', '아이는 내 품에서 3살까지는 무조건 끼고 있어야 해!'

나와 다른 엄마들은 내 눈엔 불량 엄마였고 아이를 사랑하지 않는 엄마로 치부했다. 굉장히 어리석었다. 내 안엔 똘똘 뭉친 아집이 전부였다. 어쩌면 그러한 사고방식이 나를 혼자로 만들었을지도 모른다.

나 혼자 잘났고 잘하고 있다고 믿었다. 그런 나를 자랑스러워하기도 했다. 불행한 삶을 살아왔다는 우울한 생각이 발목을 잡았다. 내 자식은 무조건 행복하게 살 수 있도록 키워야 한다고 생각했다. 아이를 낳자마자 나는 모유 수유에 돌입했고 손목 인대가 늘어나 고통을 받는 와중에도 약물치료를 거부했다. 그뿐만이 아니다. 출산 후 과민성 방광염이 생겨 하루에도 수십 번 화장실을 드나들었다. 삶의 질이 떨어지는 걸 매일 경험하면서도 수유를 끊지 못했다.

그렇게 둘째를 임신했다. 둘째 임신 후로도 나의 완벽한 엄마 콤플렉스는 끝나지 않았다. 잦은 유산기가 있었고 임신 중·후반기에 들어설 때는 조산기가 있었다. 그럼에도 아이를 뒤로 엎고 안고 어르고 무조건 내가 아이를 돌봐야 한다며 어린이집 입소도 미루었다. 그렇게 둘째 아이를 출산했다. 출산 후 세상은 내가 도저히 감당할 만한 세상이 아니었다. 둘째까지도 무조건 젖을 먹이고야 말겠다는 고집으로 밤낮으로 젖 달라고 우는 아이에게 젖을 먹였다. 매일 수면 부족 상태로 첫째의 끼니를 챙겨 먹이고 책을 읽어주고 직접 구매한 만들기, 그림 그리기 교구로 아이와 엄마표 놀이를 해줘야 했다.

이러다간 죽겠구나 싶은 날이 찾아왔다. 더 이상 망설일 틈도 없이 어린이집에 대기를 넣고 전화를 걸었다. 하루빨리 어린이집으로 아이를 보내야 했다. 그래야 내가 살 거 같았다. 그렇게 둘째를 낳은 지 생후 한 달 되던 날에 첫째는 어린이집에 입소했다. 눈물을 글썽이며 엄마 품을 떠나 매일 아침 어린이집으로 향하는 아이의 얼굴을 보며 나도 함께 울었다. 어린이집에 보내는 게 그땐 왜 그렇게 미안하고 죄스러웠던지 어린이집 하원 버스도 마다하고 직접 하원을 시키러 갔다. 둘째를 앞으로 안고 첫째가 타고 올 자전거를 손에 끌고는 어린이집을 왔다 갔다 할 때의 고됨은 아직도 생생하다.

신장 153센티의 엄마. 그 당시엔 빼빼 말라 기력도 없어 보이는 퀭한 엄마의 몰골이었으니 주변 엄마도 왜 그렇게 내가 열성인지 혀를 내둘렀고 어린이집 원장 선생님도 이런 어머님은 처음 본다며 대단하시다고 말씀하셨다. 나는 그저 좋은 엄마가 되어주고 싶었다. 그땐 정말 그 마음이 너무도 컸다. 그렇게 주변의 도움 없이 혼자 '완벽한 엄마의 늪'에서 허우적거리던 나는 결국 인생의 브레이크가 걸렸다. 우울증이 최고치에 이르자 아이들을 돌보면서 온갖 짜증과 화를 주체하지 못했고 매일 울었다.

아이를 혼내면서 울고, 다시 아이를 부둥켜안고 울고를 반복했다. 이때의 난 제정신이 아니었다. 그렇게 정신과를 다니게 되었다. 도저히 약이 아니면 버틸 수 없는 상태가 되어 아이들을 돌보는 것마저도 힘에 부쳤다. 엄마가 아프니 아이들도 항상 아픈 엄마를 걱정했다. 내가 아프니 아무것도 할 수가 없었고 그동안 나를 억누르던 완벽한 엄마 콤플렉스와 좋은 엄마 콤플렉스는 하루아침에 벗겨지게 되었다.

내가 끝도 없이 무너지니 정말 이 세상에 중요한 건 나였다는 걸 뒤

늦게 알았다. 내가 아프니 이렇게 된 원인을 원망하기 시작했다. 남편을 원망하고, 아이들을 원망하고, 세상을 원망했다. 그렇게 헌신하며 산 사람은 정작 나였는데 나는 왜 남 탓만 했을까? 지금은 안다. 모든 상황을 힘들게 만든 건 나 자신이었음을.

현재 나와 함께 엄마의 길을 걷고 있거나 앞으로 엄마의 길을 걸어갈 이 글을 읽고 있는 독자분들이 나의 이야기로 조금은 와닿는 부분이 있다면 그것만으로 나는 감사하다. 부디 엄마로서 짊어지고 있는 마음의 짐을 내려놓고 여자로서의 삶을 살아가길 바란다. 아이를 위한 삶도 물론 좋다. 그 삶 또한 아주 소중하고 귀한 삶이다. 하지만 그 안에 나라는 사람이 없다면 그 삶은 결코 행복한 삶이 될 수 없다.

우리는 모두 좋은 엄마이다. 과연 좋은 엄마의 기준이 있을까? 세상이 정해놓은 좋은 엄마에 대한 기준에 우리를 맞출 필요는 없다. 우리를 판단할 사람은 그 어디에도 없다. 우리는 아이를 최선을 다해 낳았고 키우고 있다. 그것만으로도 우리는 모두 참 괜찮은 엄마다. 나는 이 깨달음을 통해 이 세상 모든 엄마를 존경하게 되었다. 살림과 육아에도 적성이 있다고 생각한다. 나는 알고 보니 살림과 육아에 영 적성이 안 맞는 엄마였다. 개개인이 성격이 다르고 아이와의 성향도 다르다. 아무리 최선을 다해도 완벽할 수 있는 사람은 없다. 적성에 맞고, 맞지 않고의 차이일 뿐이다.

우리는 엄마가 처음인 사람이다. 처음이기에 모든 게 서툴 수밖에 없지 않을까? 우리는 아이와 함께 성장해 가는 부모라는 것을 잊지 말자. 아이가 영아기일 때부터 우리는 아이를 키우게 되지만 시간이 흘러 아이가 중년의 나이가 되어서도 우리는 여전히 부모이자 엄마이다. 왜 우리는 평생 부모일까? 그만큼 부모의 인생이 긴 이유는 우리 또한 인생을 살아가며 더 나은 부모이자 사람으로 성장할 기회라고 생각한다.

지금의 엄마보다 더 좋은 엄마는 이 세상 어디에도 없다. 아이에겐 그저 내 엄마가 최고의 엄마, 세상에서 제일 사랑하는 엄마라는 점을 마음에 새겨두자. 더 이상 완벽한 엄마 콤플렉스, 좋은 엄마 콤플렉스로 인해 괴로워하는 엄마들이 생겨나지 않기를 바란다.

삶이 꽃피우는 순간

· · ·

화양연화(花樣年華)는 인생에서 꽃과 같이 가장 아름답고 행복했던 순간을 의미한다. 누군가에겐 화양연화의 순간이 아련히 가슴에 남아있는 지나간 추억의 순간일 수도 있으며 아직 오지 않은 순간이 될 수도 있다. 내가 기억하는 내 인생의 가장 빛나던 화양연화는 언제였을까? 아무리 기억을 소환해도 내 인생에서 가장 아름답고 행복했던 순간은 없었다. 그럼 나에겐 화양연화가 아직 오지 않은 것일까?

살아가는 동안 우리에게 행복과 불행은 무엇으로 결정될까. 사람은 평생을 행복을 꿈꾸며 살아간다. 하지만 행복은 영원할 것처럼 곁에 왔다가도 금방 뒤돌아서 가기도 하며 불행이 생각지도 못한 순간에 찾아오기도 한다. 그건 나를 모나게 키워준 부모 탓도 아니며 환경 탓도 아니다. 생각해 보면 불행의 원인은 그 누구의 탓도 아니다. 어른이 되었다면 그 이후의 삶은 자신의 것이다. 매 순간 스스로 선택하고 결과를 만들어간다. 행복과 불행은 자신이 만들어가는 것임에도 모든 원인을 남 탓을 하는 사람들이 많다. 나 또한 평생을 그렇게 살아왔다. 과연 남 탓을 하는 것이 내 인생에 도움이 될까? 경험자로서 그렇게 생각하지 않는다. 내가 원망했던 사람들 순위는 이랬다.

1. 십 대의 순수했던 꽃을 짓밟았던 그 사람을 원망했다.
2. 항상 애정결핍을 느끼며 살게 한 부모님을 원망했다.
   (상태가 심각했을 땐 왜 나를 낳았느냐는 원망까지도 했다.)
3. 결혼했지만 무심하게 나를 방치했던 남편을 원망했다.
4. 내가 낳아놓고는 내 삶은 사라졌다며 죄 없는 두 딸을 원망했다.
5. 나를 불행하게 만든 세상을 원망했다.

모든 걸 원망해왔다. 하지만 나에게 도움이 된 원망은 단 하나도 없었다. 내게 처음으로 진정한 행복을 느끼는 날이 찾아와 주었고 사람들이 말하는 기적이란 게 이런 것일까 하는 생각까지 들었다. 기적, 뭐 별거 없다. 오늘 행복한 기분을 잠시라도 느낄 수 있다면 나에겐 그게 기적이고 행복이다. 내겐 삶이 고통이었고 고통을 말하지 않고는 삶을 말할 수 없다. 고통을 모두 견디어 내고 죽음을 선택하지 않은 나에겐 지금이 화양연화의 순간이라고 말할 수 있다. 삶에는 연습이 없었기에 나는 무척 서툴렀다. 인생은 단 한 번뿐이다. 오늘이 없다면 오늘이 지나가며 생길 어제도, 오늘이 있기에 꿈꿀 수 있는 내일도 없다.

당신에게 화양연화의 순간을 묻는다면 당신은 언제라고 대답할 수 있는가? 지나가 버린 과거의 기억에 전혀 떠오르는 순간이 없다고 할지라도 실망하지 말자. 당신이 지금 행복하다면 이 순간이 당신에게도 화양연화이다. 현재를 소중히 여기고 자신의 인생에 온전히 집중하는 순간, 그 순간은 최고의 선물이 된다. 삶은 작은 일상으로 이루어지는 큰 덩어리다. 사람들은 일상의 중요함을 잊고 살아간다. 일상을 사소하다고 치부한다면 삶 또한 그렇게 바라보게 된다. 우리의 일상은 절대 사소하지 않다. 오늘 먹은 것, 오늘 바라본 하늘의 아름다움, 오늘 함께 한 누군가의 모습 등 작은 것도 특별한 순간으로 생각한다면 특별하지 않을 이유가 없다. 놓치기 쉬운 일상의 작은 행복을 잠시라도 소중하게 느껴보는 하루를 보내본다면 어떨까.

살아보니 작은 행복만큼 좋은 것도 없다. 큰 행복을 한 번에 느끼는 것보다 작은 행복을 여러 번 느끼는 삶이 더 행복하다고 한다. 나는 가끔 행복에 대한 두려움이 몰려올 때도 있다. 조울증을 겪으며 감정이 항상 널뛰었기에 기분이 좋다고 느끼면 언제 또 불행이 찾아올지 모르기 때문이다. 행복도 경험해 본 사람이나 누릴 수 있는 권리라고 생각해 왔다. 이제 나에게 그 행복이 시작된 건지도 모른다. 불행을 걱정할 시간에 나는 1분, 1초라도 행복을 맛보겠다고 결정했다. 내 삶에 희망, 사랑, 행복이라는 단어는 사치였다. 그 사치를 이제는 누려 보려고 한다.

이 글을 읽고 있는 당신도 행복해지길 기다리고 있다면 나처럼 행복을 두려워하지 않았으면 좋겠다. 오늘 하루, 작은 행복이라도 실천한다면 어제와 다른 오늘을 발견할 수 있을지도 모른다. 매일 죽을 날을 기다리며 누워만 있던 나에게도 가능하다면 그 누구에게도 가능한 일이라 믿는다. 당신의 꿈과 사랑, 행복을 기원하며.

지평선 너머의 길

* * *

그날 밤도 여느 날과 다를 바 없는 날이었다. 우울감에 젖어있었고 항상 느끼던 자살 충동은 여전했다. 오로지 머릿속엔 '죽자. 죽자. 내가 살아선 뭐해. 죽어야 다 편해지지. 하루라도 더 빨리 죽자. 용기내서 죽어버리자. 그날이 바로 오늘이야. 오늘 죽는 거야.'라는 외침만 울려댔다. 충동을 견디기 힘들어하고 있을 때였다.

'나 혼자 죽으면 아이들은 어쩌지?' 불쑥 그동안은 걱정하지 않았던 부분이 머릿속을 스쳐 지나갔다. 어떻게 죽은 후의 아이들을 걱정하지 않았는지 이유를 모르겠지만 그날은 왜인지 뒤늦게 엄마 없이 살아갈 아이들이 걱정되었다. 보통 사람들의 상식으로는 그런 걱정이 된다면 당연히 자살에 관한 생각을 멈추는 게 정상이라 생각할 것이다. 하지만 나는 정상적 사고를 하지 못하는 상태였다. 시간은 새벽이었고 집안은 어둠으로 가득했다. 남편은 거실 소파 위에서 곤히 잠들어 있었다. 나는 조용히 남편 곁으로 걸어갔다. 갑자기 느껴지는 인기척에 놀랐는지 남편은 화들짝 놀라며 어둠 속에서 날 바라보았다. 어둠은 짙고 불빛마저 거의 보이지 않았다. 남편은 귀신이라도 본 사람처럼 놀라며 당황한 표정이 역력했다. 무언가 이상한 낌새를 차린 것이다.

"우리 그냥 다 같이 죽자. 살아 뭐해 같이 죽으면 되지. 나 혼자 죽어선 안 되겠어. 그냥 다 같이 죽어버리자."

그 당시 미쳐 날뛸 정도로 정신이 흥분한 상태는 아니었다. 그런 상태에서도 끔찍한 말을 너무도 조용하고 차분하게 말했다. 남편은 나의 불안정한 모습에 많이 불안해하는 듯 보였다. 나의 말에 대답 없는 남편의 모습에 나는 체념했고 나의 미친 소동은 그렇게 끝이 났다.

서른다섯의 시월. 참 많은 일이 있었다. 이유도 알지 못한 채 우울증을 겪어야 했던 열한 살의 기억부터 시작되는 나의 길고 긴 이야기. 나의 아픔과 상처를 이제 한 걸음 뒤로 물러서서 바라볼 수 있게 되었다. 여기까지 올 수 있었던 건 많은 일을 겪으며 내 영혼과 사고가 그만큼 크게 성장해왔다는 걸 의미하는 게 아닐까. 조울증, 공황장애, 경계선 성격장애. 이 3종 세트를 짊어지고 참 오래도 걸었다. 그래도 그 길을 걷는 동안 느끼고 경험해 온 감정과 사건들은 어느 것 하나

허투루 흘려보낼 만한 게 없다. 모두 피가 되고 살이 되었다. 지금의 내가 존재할 수 있는 건 35년 가까이 살아온 내 과거가 없다면 불가능한 일이다.

내 현재를 이야기하면 빼놓을 수 없는 부분은 남편에 관한 이야기이다. 남편은 나를 끝까지 포기하지 않았다. 나를 온전히 믿고 기다려주었다. 말로 표현할 수 없는 감사함을 느낀다. 사람과 사람의 관계로서 그리고 그에게 여자, 아이들의 엄마, 아내로 존재할 수 있는 내 자리를 내어줌에 감동하지 않을 수 없다. 나를 믿고 기다려주는 사람이 있다는 건 한 사람의 인생에 많은 영향을 준다. 끝내 포기하고 싶었던 삶의 어두운 터널 속에서 한 줄기 빛이 된다. 그 빛은 쉽사리 사라지는 빛이 아니다.

내 삶이 나와 멀어질수록 우리는 마음에 상처가 생기기 쉽다. 자신이 흐려질수록 세상과도 멀어져 가며 나를 인지조차 하지 못하는 위험한 상태로 휩쓸린다. 그렇게 심리적 문제에 직면한 채 아슬한 줄타기를 하는 삶을 살게 된다. 자기 소멸의 삶은 별 게 아니다. 그냥 서서히 내 삶을 온전히 나로 살 수 없는 삶이다. 몸이 늙고 약해져 죽는 게 아닌 내 삶에서 나라는 자신이 지워지며 점차 죽어 간다.

나의 감정을 받아들일 줄 아는 사람이 되어야만 내가 지워지지 않는 삶을 살 수 있다. 내 존재로 들어가는 문을 두들기고 그 안으로 들어갈지 말지를 결정하는 건 오로지 나 자신만이 할 수 있다. 당신은 힘들 만큼 힘들었다. 아플 만큼 아팠다. 지금이라도 감정의 문에 조심스럽게 노크해보자. 감정의 문은 쉽게 열리지 않는다. 하지만 상심하지 말자. 누구에게나 시작은 있는 법이다. 여태껏 당신은 살아오면서 그 시작을 어떻게 하는지 몰랐을 뿐이다. 누구에게나 시작은 쉽지 않다. 쉬운 시작은 있을 수 없다.

나는 당신의 시작이 이 책을 통해서 이루어지길 간절히 기원한다. 아이는 태어나 몸을 스스로 뒤집고, 기고, 잡고선 후 걷기 시작한다. 우리에게도 그러한 일련의 과정이 필요하다. 이제 막 태어나 서서히 신체의 기능을 익히는 아기의 마음으로 시작해보자. 무언가를 얻기 위해선 그만큼의 노력과 과정이 필요하다. 쉽게 얻어지는 것은 없다. 당신은 우리가 느끼는 고통이 영원할 거라며 포기하고 있을 수도 있다. 나는 고통이 영영 사라지지 않을 것이라는 믿음에 죽음을 선택하려 했다. 더 이상 고통스럽게 살고 싶지 않았다. 죽음만이 나에게 남은 선택지였다.

하지만 나는 아직 살아있다. 죽음만 있는 선택지에서 죽음을 선택하지 않겠다고 결정했다. 선택지가 하나뿐이라고 해서 그것을 결정해야 하는 건 아니다. 죽을까 말까 고민하지 말자. 어차피 내가 죽으려고 안 해도 죽음은 언젠가 나에게 다가오게 되어있다. 사람에게 당장 오늘 생을 끝내야만 하는 가장 큰 이유는 끊임없는 고통을 이겨낼 수 없기 때문이다.

인생을 포기하고 싶은 충동이 심하게 자신을 흔들 땐 스스로 감당하기 어렵다. 그런 순간엔 고통도 행복도 영원하지 않다는 사실을 기억했으면 좋겠다. 그걸 받아들이기 힘든 당신에게 나의 이 한마디가 가슴에 닿을 수 있다면 이 책을 쓰는 나의 소망이 전해지는 길이라고 생각한다. 우리 행복 하자. 살아보자. 한 번 살아보자.

에필로그

• • •

당신의 삶에 희망이 꽃피우기를

처음 책을 출간하려고 생각했을 땐 과연 제 책을 시간 내어 읽어 주시는 독자분들에게 전하고자 하는 이야기를 전부 전할 수 있을지 걱정이 많이 되었습니다. 도움이 되고 싶다는 생각을 가득 품고 글을 썼지만 짧은 이야기로는 턱없이 부족한 시간이었다는 생각도 듭니다.

누구에게도 열지 못했던 마음을 처음으로 제대로 바라볼 수 있었습니다. 제 과거를 적는 일이 쉽지만은 않았습니다. 어두운 과거가 지워지지 않고 제 가슴에 평생 남아 이름처럼 누군가에게 불리는 기분이라 항상 두려웠습니다. 나 자신을 숨기고 동굴 속에 들어앉아 사람들의 손길을 억지로 끊은 채 살아왔지요. 외롭고 공허한 시간이었습니다.

여전히 모든 걸 극복하고 완치되어 사는 삶은 아니지만 저는 현재의 제 삶을 받아들이려고 합니다. 사람은 소망이 있기에 앞으로 나아갈 힘이 생깁니다. 완치를 향해 달려가는 목표도 좋지만 꾸준하게 치료받으며 호전되어 가는 방법도 자신을 알아갈 성장의 기회라 생각합니다. 제 이야기로 작은 위로가 될 수 있다는 생각에 글을 쓰는 내내 행복했습니다.

과거와 현재 그리고 앞으로, 조울증으로 생사를 넘나들며 죽음이란 선택지를 고민하고 계신 독자분들께 이 책이 생명의 동아줄이 될 수 있길 간절히 기원합니다. 끝으로 책에 일부를 한 번 더 들려드리며 인사드리도록 하겠습니다. 당신의 삶에 희망이 꽃피우기를.

어떠한 이유에서든 '망한 삶', '저주받은 삶', '태어난 게 잘못인 삶'이란 없다. 모든 존재는 그 자체만으로도 한 인간으로의 존엄성을 지니고 있다.

저자 이루다